仕事の
出来栄え管理

福増 満廣
Fukumasu Mitsuhiro

目次

まえがき　01
（1）サービス業に何故QCが採用されにくいのか　01
（2）品質管理の小史　05
（3）総合的品質管理（TQM）　07

第1章　仕事の出来栄え管理（WQC：working QC）　10

1－1　品質管理（QC）とは　10
1－2　WQCで期待できる効果　11
1－3　製品の品質特性と仕事の品質特性　13
（1）製品の品質特性例　13
（2）仕事の品質特性例　13
1－4　品質特性の重要度　14
・致命欠点
・重欠点
・軽欠点
1－5　仕事の品質尺度（数値化）と品質レベル　15
（1）顧客サービスに関する品質尺度　15
①申告率故障

②通話完了率
③重複故障率
④大規模故障件数
⑤持ち越し故障件数
（2）保全経費の品質尺度 16
①通信設備の故障件数
②修理用部品材料の在庫回転率 17
（3）仕事の品質レベル 17
(i)在庫管理と欠品率 17
(ii)設備の保全サービスレベル 17
1－6 工程と工程能力 18
1－7 WQCの導入 20
1－8 WQCと職場の問題点の発掘 21
①現状分析
②アンケート調査
③関係者からの提案
④工程チェック
1－9 QCの実務発展を支えた小集団活動とQC七つ道具 22
（1）QCサークル 23
（2）ZD（Zero Defects）運動 23
（3）「カイゼン（KAIZEN）」運動 23
（4）QC七つ道具 24
1－10 重大事故とWQC 25

1－11　QC手法の特技　26
（1）「無理、無駄、ムラ」を無くす手法　26
（2）原因〈結果〉から工程の良否を見る　27
（3）措置（Action）　28
1－12　各部署で管理サークルを回せ　28
1－13　仕事の出来栄え（品質）の評価　30
1－14　目標管理とQC　31
1－15　統計的品質管理（SQC）　33
1－16　仕事の組み立てとWQC　33
（1）目標の設定　34
（2）標準化　35
（3）教育訓練　37
（4）仕事のチェック　37
（ア）原因から事象を見る
（イ）結果でチェックする
（5）措置（Action）　40
（6）アクション結果のチェック　42
1－17　仕事の出来栄え管理（WQC）　42
（1）品質設計と工程設計　43
（2）品質と工程の改善　44
①基礎的条件
②問題点を発見するための調査

③問題の決定
④改善・解析方法の検討
（3）ＳＱＣと技術　46
（4）ＱＣと他の管理手法との関係　47

第2章　統計的品質管理（ＳＱＣ）　48

2－1　統計学の基礎　48
（1）集合と場合の数　48
（2）順列と組み合わせ　50
（3）確率と確率分布　53
（4）基本統計量（平均値、標準偏差）の公式　55
(i)分布の位置をあらわす平均値（$\bar{x}$）
(ii)標準偏差（σ）
（5）データの種類　57
（6）データの分布　58
（7）正規分布の特性　59

2－2　統計的手法の基礎　61
（1）統計学の特技と裏技　61
（2）データをとる目的　↓　答えの発見　62
（3）データ　↓　母集団　↓　サンプル（標本）　63
(i)全数チェックの非合理性
(ii)サンプリングの効用
(iii)母集団とサンプルの関係
（4）データはバラつく　66

(i) 分布のつかみ方
(ii) 分布の数量的解説
(iii) 工程にバラツキをあたえる原因
(iv) 統計的判断の過誤
(v) 母集団に対して行動をとる
2－3 管理する立場からの注意事項 72
(1) データの信頼性 72
(2) 過去のデータの記録とロットの層別 73
(3) 管理された工程の推定方法 73
2－4 度数分布の見方と使い方 74
2－5 パレート図とパレート曲線 75
2－6 工程能力図 77
2－7 散布図（相関図） 78
第3章 管理図 82
3－1 管理図の用途 82
3－2 管理図の種類 83
(i) $\bar{x}$－3σ（エックスバー3σ）管理図
(ii) $\bar{x}$－R（エックスバーアール）管理図（図3－2）
(iii) p（ピー）管理図、pn（ピーエヌ）管理図
(iv) c（シー）管理図、u（ユー）管理図

3－3　管理図の作り方（概要）　86
（1）平均値（$\bar{\chi}$）と範囲（R）管理図　86
（2）不良率（p）管理図　88
（3）不良個数（pn）管理図　88
（4）単位あたりの欠点数（u）管理図の作り方　88
3－4　管理図の見方（アクションの動機づけ）　89
（1）基本事項　89
（2）詳細な見方　90

第4章　サンプル調査と抜取検査　91

4－1　用語の意味する事項　91
（1）調査の単位　91
（2）ロットおよびロットの大きさ　92
（3）サンプルおよびサンプルの大きさ　92
4－2　サンプル調査の特性　92
（1）ロットとサンプルの関係　93
（2）nとAcとNの変化に対するL（p）特性　96
4－3　WQCにおけるサンプル調査　97
（1）サンプル数とその確かさ　97
（2）サンプリングと層別　99
（3）ワースト・ベストサンプリング　99
（4）統計的な数値の表し方　100

第5章　信頼性の考え方　102
5－1　信頼性と故障率　102
5－2　故障率とバスタブ曲線　105
5－3　故障の予知　106
5－4　故障率とMTTF　107
第6章　品質保証とチェッカー（チェックと品質保証）　109
6－1　品質保証　109
6－2　出来栄え保証　110
6－3　事業運営のチェッカー　112
6－4　抜取検査　117
第7章　事故分析と再発防止対策　119
7－1　QCと事故分析　120
（1）デミングサークル（P・D・C・Aの管理サークル）　120
（2）統計的抜取検査　121
（3）QC七つ道具の活用　121

7－2　事故の発生分布　121
7－3　事故と工程能力　122
（1）工程能力　123
（2）仕事の工程設定　123
（3）工程の設計　125
（4）工程能力の向上　125
7－4　原因のメカニズム　126
7－5　再発防止対策　127
（1）管理要因　128
（2）実施要因　131
7－6　ＱＣと安全管理　133
（1）安全学の基本概念　133
（2）事故分析手法　133
7－7　原因究明を阻むもの　135
第8章　設備の保全とＷＱＣ　138
8－1　設備の保全技術　138
（1）保全形式　138
(i)　事後保全
(ii)　潜在故障保全

(iii) 予防保全
(2) 保全技術 139
(i) 劣化を検知する技術
(ii) 劣化を予知する技術
(iii) 劣化を予測する技術
(iv) 劣化を予防する技術
8-2 定期試験の考察 141
8-3 劣化予知試験 142
8-4 保全方式と保全管理方式 143
(1) 保全方式の決定 143
(2) 保全管理方式 144
(3) 保全サービス基準値 145
(4) 重複故障管理 149
(5) 設備管理値の設定 151
8-5 保全方式の組み立てと管理 151
(1) 設備管理の組み立て 152
(2) 故障記録 153
(3) 運用とアクション 153
あとがき 155

まえがき

『仕事の出来栄え管理』これが本書のタイトルである。製品には品質があって製造工場において品質管理（QC）があるとすれば、仕事にも当然品質（出来栄え）があり、その業務運営についても品質管理（出来栄え管理）があってもおかしくないはずである。そしてQCを採用した企業は、全てに成功し日本の高度成長の原動力であったことも、衆目の認めるところである。このことから一般業務の運営にも、QCを積極的に導入するべきであると本書は提案するのである。

(1) サービス業に何故QCが採用されにくいのか

公務員やそれに類する団体及び独占体質の電力会社や道路・鉄道会社・病院など、いわゆるサービス業にこのQCを導入している事業体は、あまり聞いたことがない。

QCの解説書によれば、「日本的品質管理は、経営の一つの思想革命であり、経営の新しい考え方、見方を示すものである」と説き、日本工業規格（JIS）では、「買い手の要求に合った品質の品物又はサービスを経済的に作り出すための手段の体系。近代的な品質管理は統計的方法を活用しているので、特に統計的品質管理（Statistical Quality Control）ということがある」と定義している。

この定義を敷衍すれば、公務員の仕事の買い手、すなわち顧客は、言うまでもなく国民全体であり、病院の買い手は病気で悩む患者である。電力会社の買い手は安定供給を願う需要家であり、鉄道・運輸事業の買い手は乗客や荷物を安全・確実に目的地に運んでもらえる依頼人である。

今日まで製品（製造業）を中心としたQCの専門書は多く出版され、その製造業に従事した経験者も多く、現在では、特別に実務経験がなくてもQCはいたって常識的に語られるほどに普及している。しかしサービス品質、いわゆる仕事の品質〈出来栄え〉を主題とするQC読本は、いまだ拝見したことはない。もっとも、製品の品質も突き詰めれば、製品を作る仕事の品質の結果ともいえなくもない。特に最近では製品に関することだけでなく、工場の生産工程以外の購買品の管理や販売管理、コスト管理、クレーム管理など全社的品質管理（ＴＱＣ）やＱＣサークル活動（１－９(1)参照）などが提唱され、効果をあげている。さらに特技的ではあるが製造業以外の一部の銀行や運輸業などに導入され、経営的にも非常に効果を上げていると見聞している。世界的にはこのＱＣサークル活動を原点にして「カイゼン・ＫＡＩＺＥＮ」（１－９(3)参照）活動が製造業に定着しつつある。

ＱＣがわが国に導入されて半世紀、ＱＣが発展してＴＱＣとなり、ＴＱＣはその守備範囲を広げてＴＱＭと称して、後述するＩＳＯ９０００シリーズの産みの親にもなっている。こんなに経営的に優れたＱＣ手法が、何故製造業以外のサービス業務および、その経営思想に採用されにくいのか、不思議でならないのは筆者だけではないはずである。特に税金で賄っている公務員やそれに類する団体及び独占体質の電力会社や道路・鉄道会社に、このＱＣの考え方が導入されたならば、どれほどの経費の節約と業務の効率化が図れるかは計り知れないのである。

ある時、保守的な政治家や政府の高官に聞いてみたことがある。彼らいわく、「ＱＣは製品を中心に適用されるもので、サービス業に適用するには管理手法が複雑すぎて、導入には無理がある」と、一笑に付された経験がある。またあるとき警察署長に交通整理に立っているマネキンお巡りさんのかわりに、時々本物の警察官を立たせて警笛を吹けばもっと効果が出るのではないかと聞いたら、「国民を馬鹿にしていているようでエゲツないですなー」とこれも一笑に付された。このように公務員はＱＣを歯牙にもかけない思想の持ち主であることを昔知った。

また有能な経営者の理解の程度においても、ＱＣは技術者が工場の片隅で大いに研究していただき、製品製造現場で活用していただくので十分であるとの考え方の人が多い。

何故にサービス業にＱＣが普及しにくいのか。これは日本的封土あるいは日本的思想の生い立ちにあるのではなかろうか。その証拠に各種業務のＩＴ化において、わが国はアメリカのそれと比較すると非常に遅れているように思う。特にサービス業の方が製造業より導入率が低いと聞いている。各種選挙が行われるが投票行為の電子化はまだしも、投票場での受付で本人確認に町名別の台帳方式や、開票作業のあの人海戦術はどうにかならないものかと思う。電子化導入の反対理由に、一票でも数え間違いを起すと大変だからと聞くと、この政治家の旧式さ加減に、反論する気も起きなかった。

また安全工学の学者に、「何故安全管理にＱＣの手法を活用しないのか」と尋ねたら、「ＱＣは不良を認める手法であり安全はノーリスクを前提とした学問であるので、同等にはならない」といわれた。また人間のミスは想定外の事象であるので、管理の対象にはなりにくいとのことであった。

本文で詳述するが、電電公社で昔、電話料金請求書の作成に、パンチカードに数字を穿孔して、計算機にかけていた。このパンチカードの穿孔を二重化（パンチベリー）していたが、それでも料金に関する苦情は皆無にならなかった。このように人力で二重にパンチしても絶対に間違いを起さない保証は何処にもないのである。人間の行動には、大なり小なりのミスがつき物でヒューマンエラーの存在を認めることから出発するのがＱＣの手法である。

税制問題や年金および社会福祉問題の対策として国民の総背番号制（マイナンバー）が導入された。導入の時の反対理由としてプライバシーが守られない恐れがあるという意見があった。どんなに綿密で正確に組み立てられた制度でもこの世に完璧というものはない。実行してみて欠点があれば原因を究明して、正しくなるように直せばよいというのがＱＣ的考え方である。

最近では裁判員制度の賛否論、改正臓器移植法案や教員免許更新制度の反対意見がある。物事を決めるにあたって、慎重に意見を交わすことは尊いことであるが、何事にも小田原評定は願い下げである。

この日本的風習や思想の根源は聖徳太子の十七条憲法の「和をもって貴しとなし、逆らうこと無きを宗となす」にあるように思う。そして徳川幕府が奨励した儒教にまつわる朱子学の思想である。一方に徳川幕府が危険思想として徹底的に排除した陽明学がある。「真の知識は行動を離れて存在せず、知識を欠いた行動もまた無内容に堕する」として自由・平等・行動の哲学を実践した佐久間象山や吉田松陰らを、危険視したことは歴史書の教えるところである。

ひところ品質管理と目標管理のツール論争（詳細は１－14で後述する）を思い起こすのであるが、さしずめ前者が陽明学的な手法であり後者が朱子学的考え方であるといえないであろうか。それを裏づけたのが経済学の大家である篠原先生の「私の履歴書」で述べられた記述であった。それは「経済分析にはトップダウン型とボトムアップ型の二つの型があるようだ。多くの経済分析はまず抽象的だ。最近では数式モデルを頭のなかで構成して分析を作り上げる。これをトップダウン型と称してよい。（中略）反対に、すでに生きている現実からボトムアップ的に分析を帰納的に導くという行き方も重要である。実際はトップダウンの分析に終始してしまい、経済の実証分析をほとんど忘れてしまうのが現在の経済学となっている。経済学の実態分析にはトップダウン型とボトムアップ型の間の相互交渉が必要である」と説いている。

現在の経営思想の主流がトップダウン型（朱子学的）であるとするならば、さしずめＱＣ的考え方の経営はボトムアップ型（陽明学的）の経営思想であるといえる。

本書のねらいは、このＱＣの考え方を、単独のサービス業および建設業などに適用できるように解説しようとしたもので、特に病院関係や地方自治体、官公庁の事務処理に是非ともこのＱＣの採用価値を一考していただきたいものである。

そうしてこのような独占事業体は、とかく自浄能力や事故防止対策に疎いところがあるので、国民の公器たるマスコミや報道関係者が、このＱＣの手法を十分に理解して、彼等の業務の改善に対してあらゆる角度から社会の公器たる役割を果たしてもらいたいものである。特に文系の学問をされた方々に理解しやすいように述べたつもりである。

これまでのＱＣの指導書では、電気通信業や土建業のような3次産業におけるＱＣとして論を進めたものは、見当たらないのが実状である。したがって製造工場の中での仕事と3次産業における事務や工事現場におけるそれとは、当然性質や特性が異なるので、そのままＱＣの理念がぴたっと当てはまらないかもしれない。だが本書の考え方や理を理解すれば「仕事の出来栄え管理（ＷＱＣ）」として、どんな仕事にも大いに役立つことに気づかれると信ずる。

特に次項、品質管理の小史で述べてあるごとく、今日あるＱＣの出発点は、製品の品質検査からなるので、政府の会計検査院をはじめとする各省庁の認可とチェック方法の近代化に役立てていただきたい。中でも最終章の原因究明と再発防止対策はＷＱＣの集大成として重要事項を提起しているので、熟読含味していただきたいのである。

（2）品質管理の小史

品質管理の嚆矢は、1930年代において、米国ベル電話研究所のシューハート博士が創案し、工業に応用した管理図（図3－1、3－2、3－3参照）である。いわゆる「統計的品質管理（SQC）」手法の実用化であるといわれている。それまではチャップリン主演のかの有名な「モダンタイムス」の映画に出てくるような「テーラー生産方式」が主流であった。

テーラー方式というのは、専門家や技術者が技術標準や作業標準を作成し、作業者はそれに基づいて小区分された作業に従事すればよかった。

日本の品質管理のきっかけは、当時、第二次大戦によって壊滅状態となった国土の復旧にあたり、米国駐留軍（GHQ）が困ったことの一つに電気通信設備に故障が多く、使い物にならないということがあった。その原因は設備に故障が多く、製品の品質不良によるバラツキが大きいということがわかった。

1946年GHQの勧告に基づき、国内の技術者・学者の有志が集まり、民間団体である日本科学技術連盟(日科技連)を設立した。そこに大学、産業界、政府の有志が集まり、品質管理リサーチグループ(QCRG)を結成して手法開発に臨んだ。これがわが国の品質管理導入の核となった。

当時の電気通信事業は逓信省（昭和27年電電公社、同60年NTTに変遷）によって運営されており、通信設備に使用される機材は、国内の会社に特注し、電気試験所による検査を経て受け入れていたが、この検査は専門的な技術指導をしながら、良品だけを受け入れるという、お粗末で原始的な方式であったといわれている。

当時見かねたGHQから「試験（testing）」から「検査（inspection）」に切り替えるべきである、という趣旨の勧告が出された。このことを理解し具体化するのに数年を要したといわれているが、要するに「試験」とは、物品が仕様書規格と合致するかどうかを確かめる行為である。物品を要求品質どおりに製造することは製造者の責任で、試験はその製造者自身が実行しなければならないことである。一方製品の品質は、製造工程で作られ、製造者の管理下にあるので、購入者の検査員が全製品の品質を、完全に保証することは不可能である。よって検査員の任務は、製造者が製造工程において、製品の品質を仕様書規格に適合するように作り込んだかどうかを確認することである。

この考え方に基づいて、逓信省から引き継いだ電電公社検査部で検討し、「抜き取り検査方式」を導入するのに10年近くの歳月をかけている。この「抜き取り検査方式」の導入が、購入者と製造者との品質に関する思想的基本原則論となり、わが国の品質管理定着の始まりとされている。

この間1950年に日科技連の主催で、米国のW・E・デミング博士を招聘してのセミナーでは、デミングサークル（管理サークルの原型　P28）、統計的なバラツキの概念、QC七つ道具（1－9⑷参照）の使い方などの講義を受け、多数の受講者が感銘を受けた。さらに1954年に同じく米国のJ・M・ジュラン博士の来日、講演によって、これまでの工場現場の、いわば技術主体のQCから経営全体に目を向けたQCが動き出し、現在の全社的品質管理（TQC）へ進む契機となっている。

そして同じ頃、日科技連のQCリサーチグループと東京大学の石川馨教授が中心になって、わが国の製造業界への普及に尽力された。そのお陰で当時の劣悪な製品の品質が急激に向上して、日本の産業界の発展の原動力になったことはいうまでもない。

昭和20年代、同30年代の日本の製品と比べ、Made in USAの真空管に代表される部品の性能といい寿命といい、実に桁違いに思えたことを筆者は記憶している。そして今日では、製品の品質や製造技術において、米国を凌駕し、世界の最高レベルにあることは、QCの普及に負うところ大であるといえる。

初期のQCは、電気通信設備の製品業者が導入し、その効果を知って、次第に他のいろいろな業種の製造部門に普及していった。その品質が向上するにしたがって、苦情や返品が急激に減少し、製造コストの低下とともに競争力を飛躍的に向上させた。当初は工場の片隅で一部の技術者が関わっていたに過ぎなかったが、会社の経営層もその効果を認識し、次第に全社的品質管理（TQC：Total QC）に発展していくのであった。

TQCは製造会社の在庫管理、販売管理や人事管理等に導入されるようになり、業務の改善に役立つことが立証され、今日QCサークルの改善活動によって普遍化されている。

かの有名なトヨタの「カンバン方式」も、元をただせばTQCから出発したことは明白である。いわゆるこの「カンバン方式」は、部品など製品素材の協力会社をシステム化した、QC手法による究極の在庫管理であるといえる。

このTQCが原型となって、建設業及びサービス業にまで拡大していった。特に宅配事業者の驚くべき配送品質は、TQCとコンピュータシステムの総合力なくして実現は不可能であろう。

ここまでくるとTQCの範囲を超えて、事業の運営全般に拡大適用することに発展し、「製品・サービスのクオリティー（お客に買ってもらえる）の向上こそ企業競争力の源泉」であるとばかりに、製品の営業および流通管理などの機能別管理や日常管理を包含して管理と名のつく部門（研究開発、設計、生産準備、工程、品質保証、販売、流通管理）に採用され、TQM（Total Quality Management）と呼称されるようになった。市場調査はもちろんのこと、安全工学と結合して安全管理にも適用され効果をあげていると聞く。

また今日では、このTQMの手法が下敷きとなって、国際的に認められ、ISO9000シリーズ（次項参照）の国際規格にまで発展していった。ISO9000シリーズは企業の製品取引に関する品質保証の役割を果たし、国内外を問わず、すべての取引の合理化に貢献している。さらにISO9000シリーズは製品の保証だけでなく、建設工事などの工事品質や各種サービスの品質保証おも活用範囲にいれて、ますます製品やサービスの受発注に関する、取引の合理化に貢献している。

（3）総合的品質管理（TQM）

わが国の鉱工業の発展と強い競争力の一つの要因は「QC」の導入にあると言ってもよい。世界的に有名になったトヨタ生産方式も、いわばQCの思想に基づいた究極の在庫管理であるといえる。QCを事業の経営に活用すれば経営革新が可能となり、問題点の発掘と整理並びにその原因の追究と再発防止に役立つとされている。

総合的品質管理（TQM）とは、自社製品やサービスの品質保証の体系である。すなわち企画・研究開発、設計、購買と生産準備、人員配置と生産、検査、販売、および流通などの各部門が、トップの経営方針に従ってそれぞれの部門でPDCAの管理サークルを回転させ、品質は自部門の工程で作りこむというQC原則を発揮して、それぞれが後工程に対して品質を保証することである。この品質保証が具体的に提示し評価されるには、社内検査における品質評価とお客からのクレームによって計られる。またこの実績が偶然ではなく

ＴＱＭにおける根拠が明確で継続の可能性を備えていることである。

筆者がその昔電電公社の検査部に在職中に経験したことであるが、公社の購入物品の受入検査で過去の検査結果の工程平均が特定基準より良好な場合は、受入検査を省略できる実施法（社検重点検査方式）を制定していた。いわゆる検査重視から製造プロセス重視の転換である。ただしこの実績が偶然でない裏づけをとる意味で、工場調査を実施していた。この工場調査の審査基準の要点は①品質保証に関するトップ方針②組織体制③標準化体系と制改訂④各段階のプロセス管理⑤教育訓練⑥計測器および治工具管理⑦提案制度⑧外注購買品の管理⑨買い手に対する品質保証等々について審査していたような記憶がある。

その頃デミング賞なるものがあった。１９５０年に米国のデミング博士が来日して、品質管理に関する非常な名講義の印税を基金として、日科技連内にデミング賞が設立された。当該年度において、統計的品質管理をよくやっている会社に与えられる賞である。このデミング賞ではＴＱＣ・ＴＱＭを「顧客の満足する品質を備えた品物やサービスを適時に適切な価額で提供できるように、企業の全組織を効果的・効率的に運営し、企業目的の達成に貢献する体系的活動」と定義している。ここで特記すべきは文頭に「顧客の満足する品質を備えた品物やサービス」を提供するとして、製品だけでなくサービス業にもデミング賞やＴＱＭが適用されることを宣言していることである。

そうしてデミング賞は同賞に挑戦を目的に自律的に経営を行っている組織であれば、公・私企業、業種、規模の大小、国の内外を問わず応募できる。日科技連が推薦する審査委員によって審査するわけであるが、その審査基準として次の項目が挙げられている。
（1）品質マネジメントに関する経営方針とその展開
（2）新商品の開発および又は業務の改善
（3）商品の品質および業務の質の管理と改善
（4）品質、量、納期、原価、安全、環境などの管理システムの整備
（5）品質情報の収集・分析とＩＴ（情報技術）の活用
（6）人材の能力開発

デミング賞は２００５年までに延べ１８８社が受賞している。１９８９年にフロリダ電力が同賞を受賞したのを皮切りに、近年では多くの海外企業から申請が来ているといわれている。受賞企業の業界も幅広く、鉄鋼、化学、電機、自動車、建設などが上げられている。結果に対する効果も顕著で、「市場クレーム、苦情、返品や工程内不良率」などの指標が確実に改善されている他、ほとんどの組織では「収益性」の向上も見られたとしている。

一方ＩＳＯ９０００シリーズの動向については、１９７０年代後半欧米諸国において品質管理に関する国家規格が制定されようとしていた。それぞれ多くの類似点はあるが、内容の異なる規格を、各国が独自に制定することは国際的な通商の障害になるので、これらの国家規格を統合して品質管理の国際規格を作ろうということになった。そして１９８０年にＩＳＯ（国際標準化機構）の中に「品質管理及び品質保証の分野における標準化」を活動範囲とする専門委員会ＴＣ１７６が設立されたと記録にある。同年５月オタワでの国際会議を初回にベルリン、パリ、ストックホルム、プレトリア、東京などの会議を経て１９８９年３月にＩＳＯ９０００シリーズが誕生している。２０００年に大幅な改訂が行われ、２００５年に用語の追加・修正と、２００８年に意図を明確にする修正を行って、現在では次の三つの規格がＩＳＯ９０００シリーズと呼ばれるものになっている。

・ＩＳＯ９０００　品質マネジメントシステム　基本及び用語
・ＩＳＯ９００１　品質マネジメントシステム　要求事項
・ＩＳＯ９００４　組織の持続的成功のための運営管理　品質マネジメントアプローチ

後年ＩＳＯ９００１の認証を受けた日本国内の１５７組織の結果に関する調査では、取引のスムーズさや品質トラブルの発生率、社内不良率に顕著な改善が見られたとある。

第1章　仕事の出来栄え管理（WQC：working QC）

『日本的品質管理』（石川馨著）の説くところによると、「QCは化学、鉱山、冶金、機械、電気電子、繊維、造船、食品、建設その他少品種大量生産も多種少量生産も、殆どの業種で採用可能である。最近では金融、流通、運輸および各種サービス業にもQCを適用して効果を上げている」とある。

しかし、世間でQCといえば単に、量産する製品の品質管理（QC）を指すものと理解しているのが普通である。これまでの殆どのQCに関する書物では、製品の製造、販売を中心に解説しているものが多い。

単独のサービス業や建設業などに、何故にQCが採用されにくいのか。それには幾つかの理由がある。その一つに、サービス業では製品の如き管理の対象とする「単位体（独立した製品）」の定義が難しいということ。たとえば、病院の業務において仕事の完成体、即ち管理する単位体を定義するのは、製品ほど単純ではない。

以下にQCの考え方や手法の要点を述べ、それに基づいて筆者が経験した電気通信設備の保全活動におけるWQCの運用例について考察している。

1－1　品質管理（QC）とは

先に例示した石川先生の著書『日本的品質管理』によれば、「QCとは買い手の要求に合った特性を持つ製品を、もっとも安いコストで実現させていくということ。また経営に関して、最も効率的で経済的な、最も役に立つ、そして利用者（消費者）に、より満足してもらえる製品であることのための管理手法」とある。それには企業全体としてQCの効果をあげるため、買い手が満足する品質の製品について開発、設計、販売、サービスという一貫した機能を持つことが重要になり、調査研究、設計、製造、検査、営業、資材、倉庫などあらゆる部門が協力して、当該目的の達成に努力することが必要になる。これを強調する意味で、このようなQCを全社的QC（TQC）と称して、狭義のQCと区別することがある。

ＴＱＣは一般の統計的手法のほか、物理、化学、電気、機械などの固有技術、ＯＲ、ＩＥ等の経営科学手法、さらに目標管理、労務管理、原価管理、販売管理など管理と名の付くあらゆるものに採用される。そうしてＴＱＣがさらに進むと、顧客の満足度を高める品質、競争力のある品質の実現には、市場調査の深耕及び新製品の開発とその品質保証を如何にするかの問題に到達し、まえがきで述べたごとく、総合的品質管理（ＴＱＭ）に発展することになるのである。

要するに、仕事という面だけに限っていうならば、目的と使命のある所に仕事があり、その仕事の完成体が、目的通りに実行されたかどうかという出来栄えがあるはずである。そして如何なる単純なサービスといえども、仕事のある所に仕事にかかわるデータがあり、データのある所ではそのデータを使った効率的で適確なＱＣの手法があるはずである。これが即ちＴＱＣでありＷＱＣであるといえる。

逆説的にいえば、データのないところにＴＱＣ・ＷＱＣは存在できず、何事もデータ化することから始めなければならない。ただし仕事の中にも絵画や音楽などの芸術的なものや、小説や詩集などの個人的なものはデータ化するのが困難であるのでＷＱＣの対象外となる。なお、企業の現場段階で採用されている「ＱＣサークル活動」あるいは「ＺＤ運動」（１－９(2)参照）は、小集団によってＱＣを実行していく運動の総称であって、その小集団活動の最大の目的は、上からの命令よりも、下からの盛り上がりを期待して、従業員の参画意識を盛り上げようとすることにある。これは世界的にはアジアの工場で「カイゼン」運動として定着しつつある。

以下に、これらＱＣの原理原則論や統計的手法及びＱＣ七つ道具（１－９(4)参照）を応用して、設備の保全管理、建築・建設および土木の工事管理やその他もろもろのサービス業務に適用する方法について述べてみたい。

１－２　ＷＱＣで期待できる効果

企業が全社的にＷＱＣを導入すると、全ての面で、いろいろと良い結果が得られる。甚だ古い話で恐縮で

あるが、たとえば筆者が経験した電電公社（NTTの前身）の通信設備保全部門で、効果を上げた項目をあげると

①サービス品質が向上する。（100電話加入者当りの故障申告数）
②各電話局のサービス品質が揃ってくる。
③各設備の性能の良し悪しが明確になり、保守コストが低下してくる。
④資機材の在庫が減少し、車両や装備品の使用効率が上がる。
⑤同一コストで設備の利活用が拡大される。
⑥無駄な作業が少なくなり、手直し・空振りが減少する。
⑦技術者が自分の技術に自信を持ち、技術力が向上する。
⑧設備の定期試験や点検コストが低下する。
⑨研究や検討が早くなり、問題解決が早まる。
⑩部課長等現場管理者がどんどん仕事ができるようになり、組織の合理化がしやすくなる。
⑪現場からの報告に嘘のデータが無くなる。
⑫提案や問題解決のための討論が活発になる。
⑬設備の増設や転用、更改が合理的にできるようになる。

等々企業経営のあらゆる面で効果が発揮されるようになった。そのためには、全社的に導入すると同時にトップの導入熱意が重要で、中堅幹部や技術関係者はもちろん、事務関係、作業員にいたるまで、全体が一つの思想に基づいて実行してこそ効果が出るものである。一部の技術者が職場の片隅で、WQCの本を広げていてもなかなか効果が出ない。トップや幹部の理解と熱意と、それに伴う行動力とが大切である。

今日サービス業でTQCを採用して最も効果を上げていると思われるのが宅配業者であろう。顧客の利便性を向上するために、これまで翌日に配達していたものを、当日に配達することを実現した。更に利用者の利便の向上を図るために、産地から冷凍品をそのまま配達することを実現した。そうして企業間競争に打ち勝って今日の大企業に成長したといいえる。

今後ＴＱＣを強力に導入して、業務改善に役立ててもらいたい業種は、独占色の強い鉄道・運輸や医療機関および財政の不均衡で苦しんでいる地方自治体や政府関係機関の官業である。官業の中でも特に監査（検査）や認可業務、及び会計検査院や脱税防止などにＴＱＣが活用されれば、もっと仕事が効率化され、無駄が省けるものと思考される。

１－３　製品の品質特性と仕事の品質特性

一般的に製品の品質はつかみやすいが、仕事の品質はつかみにくいと言われている。その本質的な相違点を良く理解しておく必要がある。

（1）製品の品質特性例

製品の品質は、独立した製品という「単位体」がはっきりしており、この単位体毎に仕様書や社内規格などで、形状や性能を具体的な物理量で表すことができ、客観的で誰にでも理解できる。たとえば

(a)　形状に関するもの：寸法、重量、色調、配置など。
(b)　性能に関するもの：電気量、音量、雑音、漏話、など。またそれで何ができるかという機能。
(c)　信頼性に関するもの：故障率、寿命、保全性、取り扱い易さなど。

（2）仕事の品質特性例

仕事の品質は、仕事や労役（人の行為）によって目的とする出来高の成果（結果の良し悪し）とでもいえようか。といっても事務作業やサービス業の品質を、何をもって良い仕事の出来栄えと判断するかは、定量的に表すことが非常に困難である。特に運送業や通信業などの、サービスを生産して顧客に提供している業種では、商品そのもののサービス規格が直接相手に見えないので、具体的に表面に現れにくい。しかしながら仕事全体の出来栄えとして捉えると、その事業を推進していく上で押さえなければならないルールが、おのずからでてくるのである。

一般的な仕事に関する品質代替項目の例を挙げると

(a) サービスに関するもの：クレーム数、事件・事故件数、故障修理件数、故障時間（サービス停止時間）等

(b) コストに関するもの：収支率、原価、ロス、在庫率、保全費、稼働率、車や装備のコストパフォーマンス等

(c) 成果に関するもの：スピード、材料の準備、手直し、他工程からの要望等

このように仕事の品質を代替数値で表すことができるが、その品質尺度や単位体については、それぞれの業種・業態や担当する仕事の内容によって、取り決める工夫が必要である。

例えば車両などの故障の評価は車種別走行距離で表す。故障修理は機種別使用時間、コストは資産及び残存価値や人力のストローク数、人力による稼動上の評価は延べ稼働時間（時間×人数）などが考えられる。

特にサービスに関するクレームや事件・事故は（1）及び（2）に共通する仕事の欠陥として重要な品質特性で、これを無くする（少なくする）手法として、WQCが最大の効果を発揮するのである。

1－4　品質特性の重要度

一つの製品や仕事について、その品質特性は無数に存在する。物理量、性能、コスト、サービスレベル、欠陥、事故等である。すべてが重要だということで見境なしに突き進むと、逆に全部が中途半端になってQCの正道からはずれる行為となってしまう。品質特性の重要度の位置づけを、全社的にしっかり定義づけておかなくてはならない。一般的に不良、欠点をとりあげ、次のように分類している。

・致命欠点――人命や安全に関する品質特性、たとえば自動車のタイヤはずれ、ブレーキの故障、建設現場の崩落事故など。

・重　欠　点――製品・サービスの性能に大きな影響を及ぼす品質特性、たとえば自動車のエンジンストップや重大なヒヤリ・ハット事故など。

・軽　欠　点――性能にはまず影響しないが、消費者に喜ばれないような品質特性。自動車の小さな塗装のキズなど。

致命欠点は絶対にあってはならないものであり、軽欠点は多少あっても一般的に許されるものである。このように欠点の重点指向は、ＷＱＣ実施上極めて重要である。

１－５　仕事の品質尺度（数値化）と品質レベル

仕事の品質を表現するためには出来栄えをデータ化（数値化）する必要があり、これを品質尺度という。そしてその良し悪しの程度を品質レベルという。

仕事の品質をよく理解するために、単位体や代替数値化の例を、筆者が経験した電気通信設備の保全管理方式に採用していた項目について述べる。

（１）顧客サービスに関する品質尺度

①申告故障率：電話局毎の故障申告受付席で受け付けた件数を、同局で利用されている加入者数で除し、１００加入あたりに平準化した数値。単位体は１００加入、対象は全加入者。

②通話完了率：加入者が受話器を取って（電話発信の意思表示）からダイヤルにしたがって相手を呼び出し、正常に繋がり、話を始めるまでの過程をモニターし、接続が完了した個数を１００呼当たりに平準化したパーセンテージ。単位体は観測した通話発信呼、対象はある任意の期間に一人の担当者が観測した全通信呼。

③重複故障率：一旦故障修理が完了して一週間以内に再び同じ加入者の故障を修理した数の１００加入あたりに平準化された率。単位体は１００加入、対象は全加入者。

④大規模故障件数：多対ケーブルの障害などで同時に５００あるいは1、０００とか2、０００加入以上で同時に多数の加入電話が不通になる故障件数。単位体は一年間、対象は全加入者。

⑤持ち越し故障件数：加入者からの故障申告当日に故障が回復せず、翌日以降に持ち越す故障件数。単位体は１００加入、対象は全加入者。

（2） 保全経費の品質尺度

①通信設備の故障件数：設備の種類別規模で平準化された故障率。単位体は交換機は加入者収容端子１００端子当たり及び１００電話機当たり。

②修理用部品材料の在庫回転率：年間出庫数／月間平均在庫数

等の代替品質尺度で保全管理方式が運用されていた。

他の業種については経験がないので具体的なことは提起できないが、想像はできる。例えばコンビニエンスストアのチェーン店の商品別欠品率。商品別在庫回転率など。

また人力車を曳いて観光客を乗せて走るような単純なサービス業の品質代替数値を想定してみると、全国チェーンの拠点別売り上げ、車両の稼働率、故障率と修理経費、月別月間総走行延長距離（乗客数×人力車走行距離）などが考えられる。

いまや銀行、航空会社および運送会社等でもＴＱＣを導入している。いずれも顧客サービスに関する顧客満足度の向上、および事故や苦情を少なくするために採用されていると聞く。例えば銀行では窓口の数と顧客の待ち時間の改善、航空会社では機内食の準備から後片付けまでの工程改善に、運送会社では配送時間、遅配・欠配件数及び車両の稼働率などの管理に適用している。

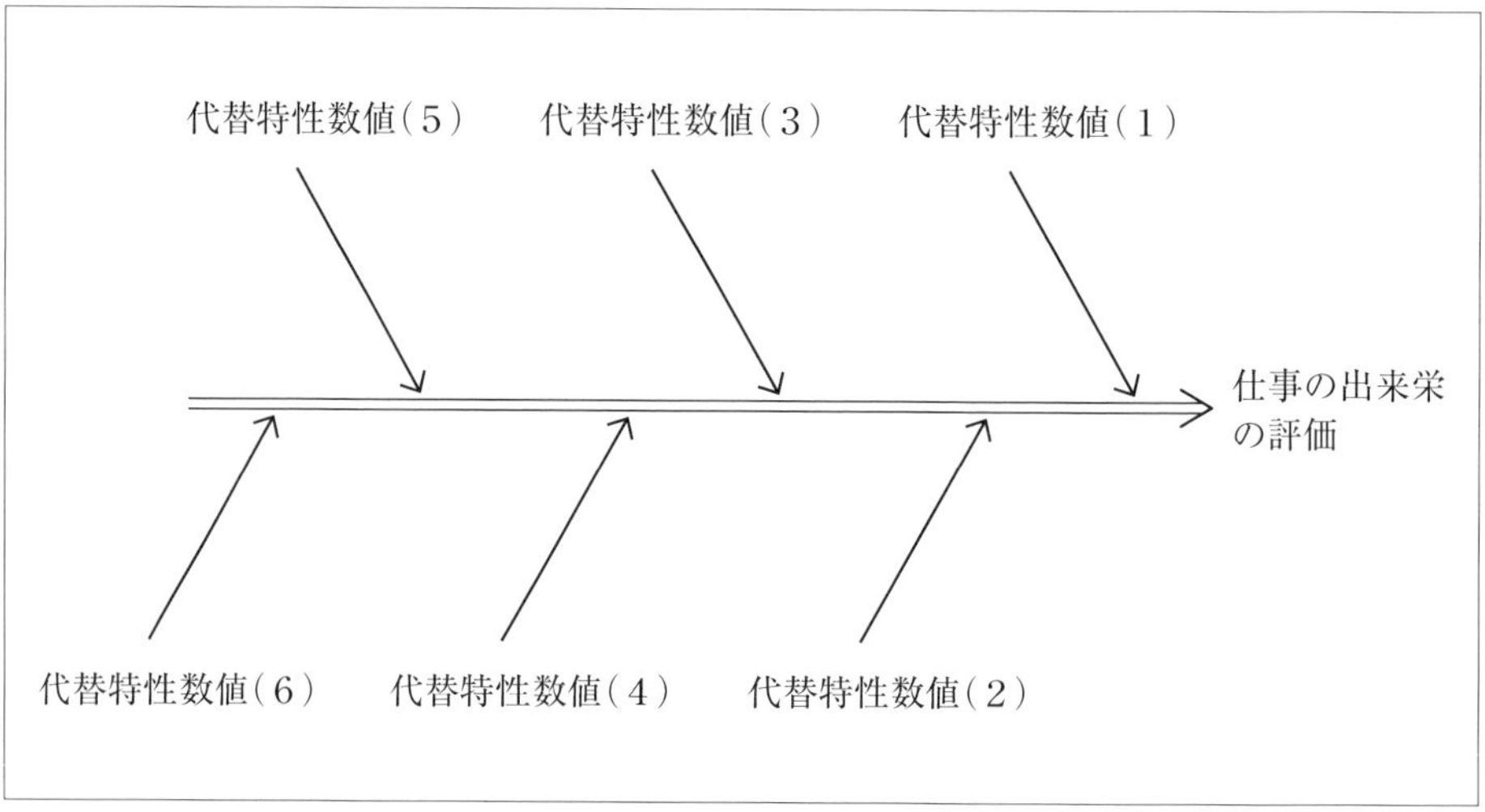

図１－１　仕事の出来栄えの特性要因図

これぞまさにＷＱＣそのものの採用であり、ＱＣをQuality of productという意味に限定せずに、事務や作業に当てはめよう（Quality of Work）というものである。仕事の出来栄えを評価するための特性要因図を示せば図１－１のごとくである。

（３）仕事の品質レベル

仕事の成果に対する品質尺度が決まれば、目標に向かってＱＣ手法に則って業務を進行させればよいことになる。ただ製品は工場や機械によって大半の仕事は進行するが、ここで言う仕事はすべて人手を介して進行することになる。

良い品質であるということは、ＱＣでは「消費者を満足させるものを設計し、生産し、販売する」こととしているが、この品質レベルは高ければ高いほど良いというものではなく、すべてコストとのかねあいで決められるべきものである。すなわち生産者が自企業体の実力、たとえば生産技術および設備や作業に従事する人力によって定まる工程能力（process capability）などで実現でき、かつ消費者（利用者）の経済性や活用能力および利用目的を考えて、満足させるという条件での、良い品質という意味である。持てる工程能力（詳細は１－６項参照）を超え、背伸びして作る品質は、良い品質管理とはいわない。

(i)在庫管理と欠品率

販売店における商品の欠品は、せっかくの売り上げ機会をなくすることになるので、確率的に供給側の責任となるが、供給側の仕事の出来栄えとしては、欠品率をゼロにするということではない。欠品率をゼロにするためには在庫量を無限大にしなければならず、これは不可能である。在庫量を増やすことは経営的に得策でないので、販売店側が我慢できる欠品率、例えば３％や５％に抑えるということになる。このようなことを前提条件に、供給部門は己の仕事の品質を、統計的手法など、いろいろな技法を活用して管理していこうというものがＷＱＣである。

(ii)設備の保全サービスレベル

電気通信事業の設備保全サービスでいえば、サービスレベルを故障率として、一ヶ月１００加入者当たりの故障申告数で表す場合がある。保全サービスを良くするということは、この故障率を小さくすることが一つの方法であるが、ゼロを最終目標とするものではない。故障率をゼロにすることは、無限大の保全費がかかるということだからである。

電話加入者の性質や、通信設備の特性および保全経費の特性等を十分考慮して、保全業務のＷＱＣを推進することが重要である。

電話加入者の特性には、一回目のダイヤルで故障に遭遇しても、故障申告にはならないという申告習性や、サービス上、気にならない故障率といったサービスレベル特性がある。さらに設備の特性には、交換機や伝送路などの機能別および耐用年数や点検・調整周期などの特性、そして保全経費の特性には、保守労働の生産性や部品等の在庫管理および保守装備の管理などがある。

このようにＱＣは、ある程度の欠点や不良事項を認める管理手法ということになる。この原則論を忌み嫌う業種が存在することも事実である。地方自治体などの公の事務および人身事故に直結するような業種や医療、運輸などの業種である。

1－6　工程と工程能力

ここでいう工程（process）とは、製品やサービスを生産する一連の動的システムであるといえる。またこの生産するシステムとは、原材料があって、製造設備や治工具が用意されマニュアルが揃った状態をいう。作業にかかわる訓練された人を配置してシステム全体を作動させて一つの動的システムが完成する。サービスの生産についても同様である。

工程能力（process capability）とはその工程が品質・出来栄えを作り出す能力のことで、先の工程から産出される製品や仕事の出来高（産出量）及び品質・仕事の出来栄えレベルをいうことにする。

システムという言葉については書物によってプロセス（工程）と混同している場合があるので、ここではシステムとは動力・人力の加わらない、マニュアルを含めた静的な生産システムの構成をいい、工程とは動力・人力の加わった動的生産システムをいうことにする。

この工程能力の処理量及び品質レベルには日々のバラツキがあり、結果としてある程度の欠陥や事故が発生する。この事故が顧客に迷惑をかけるとクレームに発展する。出来高を目的どおりに安定させ事故を限りなく減少させようとするのがＷＱＣの考え方である。工程の設定については後述する。

役所の窓口での受付処理事務を想定してみよう。住所変更に伴う住民票の登録、失業保険や生活保護の申請、婚姻届等無数に存在する。大型小型、少数大量の製品の生産をはじめ建造物の構築、人、物の輸送等これら全て工程によって製品・サービスが生産されている。ここでの工程能力とは、この工程が生産する単位体の総生産量（数量×スピード）と品質レベルで表される。

この工程に対して、別段の対策・施策を加えなければ、現在の工程能力はあるバラツキを持って維持される。このバラツキが曲者であるが故に、製品の不良、サービスの未完成、工程で使用する機械設備の故障、はたまた人身事故やシステム不良を発生させる。そうして運用中の工程を停止させられることによって総生産量をも変動させるのである。

要するにこれらの工程には完璧なものは存在しない。ある確率を持った良品とプロセス不良が発生し、これらを含めた工程の力量を工程能力といっている。

改善は工程能力の向上から生まれる。例えば私のゴルフや文章能力にも工程能力がある。これを向上させるにはプロについてゴルフの練習に励み、優れた著作を読み語彙を習得する努力が必要である。

一般に出来高を上げ、不良率や事故率を下げるには、この工程能力を向上させる必要がある。工程能力を変えるには次の二つの方法がある。一つはシステムの設計の段階に戻り、工程全体の機能要素を変更する方法、もう一つは不良品や事故の発生原因を究明し、再発防止対策をプロセス変更に反映する方法である。

前者の改善方法は、いわゆる足算方式で、大掛かりとなって時間もかかり相当なコストも必要となる。そして冗長性が生じ無駄となる事項も発生する。それに引き換え後者は、原因となる要素をパレート図（1－9⑷参照）によって分析し、効果のあるものだけを絞って変更するので、優れたパフォーマンスを示すのである。さらに効果の検証も容易にできる。この後者の考え方がＱＣ手法で、その特技が理解されるであろう。

ＱＣの世界に身をおいたことのない経営層や指導者は、往々にして前者の対策を思いつく人が多いのも事実である。

近年、駅の近くにある、カット専門の某チェーン理髪店の工程設定の簡潔さに感心した。三人の理髪師が客を応接し、客が席に着くなり瞬く間にカッティングが終わり、上から真空掃除機が下りてきて髪くずが残さず吸引される。所要時間約１０数分。髭剃りもなければ洗髪もない。一方、町の理髪店はどうかというと、近隣からの義理客と儀式典礼用で、寂れてしまっている。

この工程の発想は引き算方式によるものと考えられる。洗髪は入浴時またはシャワーで、髭剃りは電気かみそりで毎日でもできる。洗髪と髭剃りサービスを省いたら、店には椅子とバリカンと鋏と吸引機だけになり料金もリーズナブルである。誠に見事な工程の設定というほかはない。

もう一つ例を紹介してみよう。通信ケーブルを道路に埋設する工事を考える。原始的手法は道路の片側に線を引き、その線に沿って鶴嘴で掘り起こし、所定（巾５０ｃｍ。深さ１２０ｃｍ）のトレンチを作る。そこに直径１０ｃｍのケーブルを布設し、決められた土砂によって埋め戻し、舗装をして工事は完了する。当然この作業工程には小道具やマニュアルも備わっており、監督者もつくようになっているが、時々トレンチの中の作業者が土砂崩落に遭って死亡事故が発生する。その原因の報告は決まって土留めのないところで作業をした作業者の不注意としている。

この対策ではこのシステムの工程能力は向上しない。事故を無くするには工程能力の抜本的な改革が必要なのである。

１－７　ＷＱＣの導入

経営トップが率先してＴＱＣを導入した企業は今日大成功している。ＩＳＯ９０００シリーズの認証にも合格し、グローバルに事業を展開し発展している。

一方わが国の官僚機構とそれに類する事業体は、毎年の如く行政改革を謳われながらも、パーキンソンの法則に沿って肥大化こそすれ、改善・改革を実行して縮小する気配は全くない。

国家財政は借金の山に埋もれて逼迫し、社会保障費や官僚費用は増加の一途を続けている。ひところ政治家によって官僚機構の「仕分け」が行われたが、官僚独自の狡猾さが勝り、見るべき改革効果は発揮できなかった。

時の総理大臣や取り巻く秘書役に、是非にWQC手法を各官僚機構に導入するよう提案したいのである。もっともQCの指導書にあるとおり、経験したことのない人にはTQCの有効性はわからないし、戦後のQCの導入からTQCになるまでには30年、そこから今日のTQMになるまでには、またさらに30年の歳月を要している。

政府に導入せよといっても、そう一朝一夕にことが運べるものでもないが、事業の経営、事務の運営に効果が発揮でき、良いものは良いとしてせめて勉強会ぐらいはしてもらいたいものである。

これまでサービス事務には、製品の如き「品質」と「単位体」が明確にできないのでQCの導入はできないと忌み嫌ってきたところがあるが、前項の実例で解説したとおり、代替数値を使用すれば、WQCの導入は可能であることは理解できたはずである。

わが国の官僚組織は強力な縦割り〈縄のれん〉構造になっているので、どの省かに限って導入するのは困難である。私的企業体でも今日のTQCが定着するには、横割りの経営機能別にコーディネートするトップの強力なリーダーシップを必要とするのである。

1-8　WQCと職場の問題点の発掘

①現状分析

事業運営に関する問題点の発掘は、徹底的に工程の現状分析を行うことに尽きる。調査する対象が多い場合には、サンプリング調査が有効であることは、後（第４）章で説明する。何を調査し分析するかといえば、「無理」「無駄」「ムラ」（以下問題点の三要素）を発見することにある。「無理」は必ず事故や欠陥を誘発することが多い。だが工程を無理と判断する根拠は、人によってレベルが異なるので、社内基準を作っておく必要がある。「無駄」は役に立たないこと、益の出ない工程である。「ムラ」は仕事の成果が安定していないこと。「ムラ」は「無理」に発展する場合が多く、時には重大事故を誘発する場合もある。

②アンケート調査

内外の批判要望をアンケート形式で調査する方法。この調査は用件項目が多岐にわたるので、サンプリング調査や後述するQC七つ道具（1－9(4)参照）を駆使すると、非常に効果が発揮される。このQC七つ道具で95％の問題の解消が可能であるといわれている。

③関係者からの提案

作業実施者は常識的に、あるいは本能的動物感覚的に問題点の三要素を掴み易い立場にある。またQCサークルやカイゼングループでテーマごとにプロジェクトチームを結成して小集団討議による提案ができる。

いずれにしてもこれらの提案に対し、社内の提案制度を標準化して、漏れなく吸い上げるとともに、記録し措置結果をフィードバックすることが重要となる。優良提案には社長表彰などをするとよい。

④工程チェック

管理監督者は頻繁に工程を巡回して、チェックしなければならない。このチェックはただ見て回るだけではなく、作業者がマニュアルどおりに作業をしているか、設備や治工具が有効期限内で正常に使われているかをチェックするとともに、作業環境にも気を配り、問題点の三要素を見抜くように心がけなければならない。

1－9　QCの実務発展を支えた小集団活動とQC七つ道具

旧来のテーラー型生産方式を否定するマグレガーのY理論から発生した小集団とは、次の条件をみたす少人数グループ活動を言っている。

①ある程度共通した目標を持ち、対面的な関係で相互コミュニケーションができる。

②一定期間以上存続し定期的に会合を持つ。
③司会者以外はメンバーの上下関係はなく自由闊達に意見が言える。
その代表的な小集団がＱＣサークルである。

（１）ＱＣサークル

ＱＣサークルは、小集団によって品質管理（ＱＣ）を実行してゆく運動の総称である。我が国では１９６２年頃、各企業の現場での実践活動を行うためにＱＣのサークル活動が活発に行われるようになった。ＱＣサークルの初期活動は、作業標準の不備な点を自分たちで提案し改善していく活動であったが、問題点の発掘、原因究明と対策の提案など、だんだんと活動範囲が広がり、ＱＣの深耕に役立てるとともに経営的にはプロジェクトチームとしての役割を果たすようになっていった。

（２）ＺＤ（Zero Defects）運動

ＺＤ運動は別名「無欠点運動」といい、米国のマーチン社が１９６２年ＺＤプログラムなる運動を開始したのが始まりとされている。

「無欠点」というのは、直ちに欠点をゼロにするという意味ではなく、まずは現時点における目標を自主的に決定して、この目標達成に努力し、次の段階として目標をさらに前進させて、究極的に無欠点を目指すという意味である。

これまでは、人間のやる仕事は多少のヒューマンエラーは避けられないとして、基準や標準的方法を定め、最低基準に達していないものだけをチェックや検査を通じて、不良として「減らす」「取り除く」ことであった。このＺＤ運動の考え方は、仕上がった仕事を検査して不良なるものを振るい落すのではなく、従業員一人一人が推進役となって、仕事を最初から正しく、注意深く、誤りのないようにやろうということから始まる。すなわち仕事の欠点をゼロにし、製品やサービスの信頼性を高め、コストを下げるため従業員に正しい仕事をする動機を与える管理手法である。

（３）「カイゼン（ＫＡＩＺＥＮ）」運動

トヨタの「カイゼン活動」が下敷きとなって、現在では東南アジアの工場で盛んに実施されるようになったと最近の新聞記事に出ていた。

（4）QC七つ道具

QC七つ道具は、チェックシート、パレート図、度数分布表とヒストグラム、管理図、特性要員図、散布図および層別の七種類の統計的基礎手法を総称している。石川馨博士の教本にもある通り、企業内の如何なる現実問題でも95％は、これらの手法を適切に適用することによって解決できると言っている。

七つ道具の由来：弁慶が武器狩りに使った道具を七つ道具といい、また大工の基本的な道具（鋸、錐、鉋、鑿、手斧、矩尺、墨壷）をこの七つとしている。

（i）チェックシート

チェックシートは、実際の現場でデータを収集・記録しやすくするための帳票を言う。特に決まったフォームや作成の手順はないが、目的となるデータを、正確に手早く収集するために工夫されることが必要である。特に誰が、何時、何の目的で記録したかを、誰が見ても解るようにしておくことが要点である。

（ii）パレート図とパレート曲線（本文ｐ３５、ｐ７５）

パレート図は、出現度数が多い順に項目を並べて表示し、どのような現象を重点的に攻めたらよいかを決める便利なツールである。

（iii）ヒストグラム（本文ｐ５９）

ヒストグラムは、量的なデータに対して区間を区切り、その区間ごとに出現度数をまとめたものである。ヒストグラムは連続量のデータをもとにデータの出現状況を探ることができ、プロセス能力の把握、問題解決などに役立つツールである。

（iv）管理図（本文ｐ４０、ｐ８１）

管理図は１９２０年代に米国のシューハート博士によって考案されたツールである。品質管理（ＱＣ）の始まりもこの時期といわれている。線材や織物のごとく連続生産体制の時系列データグラフに、中心線、上側・下側管理限界線を加えたものである。

プロセスのアウトプットデータには、バラツキがあるのが通常であるので、どこまでが偶然によるバラツキと考え、どこからがプロセスが異常変化をきたしたことによるバラツキと判断するのがむつかしい。この判断に管理図が有効である。管理限界線の外に打点がある場合には、プロセスに異常があると判断する。

なお管理限界線は、３シグマ法という数理統計学的背景をもとに設計されている。

(v) 特性要因図（本文ｐ１６）

特性要因図は、結果の特性とそれに影響を及ぼすと思われる要因の関係を矢線図にまとめた図である。例図のように特性の要因をプロセス別などの視点でまとめている。このように表現することで、特性と要因に関する知識の共有や要因探索に非常に役立つツールとなる。

(vi) 散布図（本文ｐ７８）

散布図は、二つの変数の対のデータを視覚的に表現した図である。例えば金属の成分と強度の関係あるいは温度と歩留まりなどの相関を判断するのに非常に有効なツールである。

(vii) 層別（本文ｐ８０）

層別は、収録されたデータの属性の水準ごとにデータをわけて解説し、傾向の特性や問題の探索を容易にするテクニックである。例えば投票率はすぐにわかるが、性別、年齢別に分けてみるとその傾向がつかみやすい。これを層別といい統計的な解説や問題の解決には絶対に欠かせないツールである。

１－10　重大事故とＷＱＣ

前述したとおりＱＣは、ある程度の欠点や不良事項を認める管理手法ということになるので、人身事故や大規模故障のような、致命的な欠点のＺＤ（Zero Defects）を要求される部門では、ＷＱＣを受け入れることはできないという考え方をする人がいる。しかしこれは皮相的で建前的な考え方である。

実際問題として、いかなる完璧なプロセスの場においても無欠点や不良事故ゼロはありえない。福島第一原子力発電所事故や航空機事故は起こるべくして起こるのである。最終的に不良事故ゼロをめざすということとで、当面の目標を定め、その目標の達成に努力し、さらに次の目標へと段々にアプローチしていくという考えのほうが現実的である。ゼロは最終目標で永遠の課題であるが、その過程の仕事の出来栄えを管理する上で、WQCが非常に役に立つのである。WQCをうまく取りいれている事業体では、顧客からのクレーム（苦情）や要望を大切にし、それを多く収集することに努力している。そしてクレームや事故処理を体系化し、標準化を行い、顧客を満足させるための一次対応から、再発防止や経理処理（料金や代金の返還等）などを詳細に定め、ルール化していると聞いている。

また、人身事故や致命的な欠点の管理において、「ヒヤリ・ハット事故」のような大事故の予兆をもらさず厳重に管理し、効果ある再発防止対策を講じようとするのがWQCである。重大事故の管理については、第7章で改めて詳述するが、事故の原因をヒューマンエラーとせずに、fool-proof（作業の簡単化、愚人防止）、fail-safe（安全側に作動させる）などの手法を駆使して、なるべくエラーを防止するよう心がけなければならない。これがQC手法である。

1－11　QC手法の特技

QC手法から学ぶ最大の特技を挙げよといわれれば、筆者は次の3項目を挙げたい。

(1)「無理、無駄、ムラ」を無くす手法

無理とは先に述べた工程能力に対して無理をすることである。頑張りだけでスピードを早めたり、高品質や事故の防止を画策しても決して良い結果は得られないということである。事故や欠陥を防止するには、工程能力を上げることである。工程能力は事故や欠陥によって示される。無駄は改善の余地があり、工程のチェックや従事者によって提案される。ムラは何事にも安定を欠くことなので、工程管理で問題が発生することが多く、油断ができない事象である。

この「無理、無駄、ムラ」の3点に関する原因の究明と再発防止こそがQCの特技とするもので、QC担当者はいやでもこの特技に精通することになる。

この原因究明と再発防止対策については第7章で詳細に述べることにしているが、特に仕事の出来栄え管理において、最大に力を発揮する手法である。

（2）原因〈結果〉から工程の良否を見る

仕事の結果も製品と同様に品質であり、出来栄えであることは既に述べた。その尺度は仕事の結果が仕様書規格に合致しているかどうかである。更に広義に考えれば、故障率、手直し率、そして生産量やコスト、スピードなど過去との変化を見ることによって、仕事や作業工程がマニュアルやその他がうまく進行しているかを結果でチェックする方法である。事故もクレームも、仕事の結果から発生するものである。要するに結果を調べてその仕事や作業工程の異常を発見し、分析して原因を除去するように措置（Action）し、工程能力改善の計画（Plan）に役立てようとするものである。

結果でチェックせよというのがＱＣの特徴であるが、それは次のような考え方に立脚している。すなわち、「チェックした結果で工程を管理するのであって、結果を管理するのではない」ということである。別の言い方をすれば、コスト管理といえばコストを管理するのではなく、コストで工程を管理することを重要視するのである。つまり、コストを管理するとなると、全ての支出を抑え込むことになり、現場全体に圧力をかけることになる。コストで管理するとは、各支出項目を分析して、多い項目の原因を調べ、その原因を除去してコストを改善しようと考えることである。したがってＱＣでは、品質で仕事を管理して、仕事の工程が管理されれば、次第に良い結果が生ずるものとしている。このことは「品質〈結果〉は工程で作りこめ」というＱＣの基本的考え方に到達するのである。

さらにＱＣの特技は、製品の製造や仕事の結果から物事を眺め、欠点や問題点を抽出してその原因を探り出し、再発を防ぐような対策を講じて、全工程にフィードバックすることである。そして製品やサービスの工程の再設計を行い、作業標準や関係する設備・機械・治工具などを見直すのである。この見直す行為は、とりもなおさず後述する管理サークルを積極的に回すためのものである。管理サークルが回転するたびにシステム全体の「工程能力」を向上させることになる。この管理サークルが永遠に回るためには、必要な情報が必要とする部署に正確に届き、担当部署において的確に措置されることにある。

（3）措置（Action）

チェックして、仕事や設備あるいは製品に異常があることを発見しただけでは何の意味もなさない。その原因を探索し、不具合の要因を除去して、仕事や設備が安定して稼動するように的確なアクションをとることが必要である。このアクションの主目的は、不具合の現象を除去することだけではなく、要因を除去することである。

アクションをとる為には的確な原因究明が欠かせないことはいうまでもない。原因究明とアクションは一連のもので、原因究明が不十分であると効果的なアクションにはならず、不具合の再発防止対策にならないのである。

詳しくは次項1－12で述べるが、管理サークルを回すためにも的確なアクションが欠かせない。QCの経験者はこの関係を十分に心得て、最大の努力と工夫を働かせるのである。

1－12　各部署で管理サークルを回せ

管理サークルの原形は、デミング博士が提唱したことにちなんで「デミングサークル」と呼ばれていた（図1－2）。その後QCサークルと呼ばれていたが、QCサークル活動と区別するため管理サークルと呼ばれるようになった。

この管理サークルの考え方においては、QCもWQCも考え方の基本は同じである。回転させるサークルの土

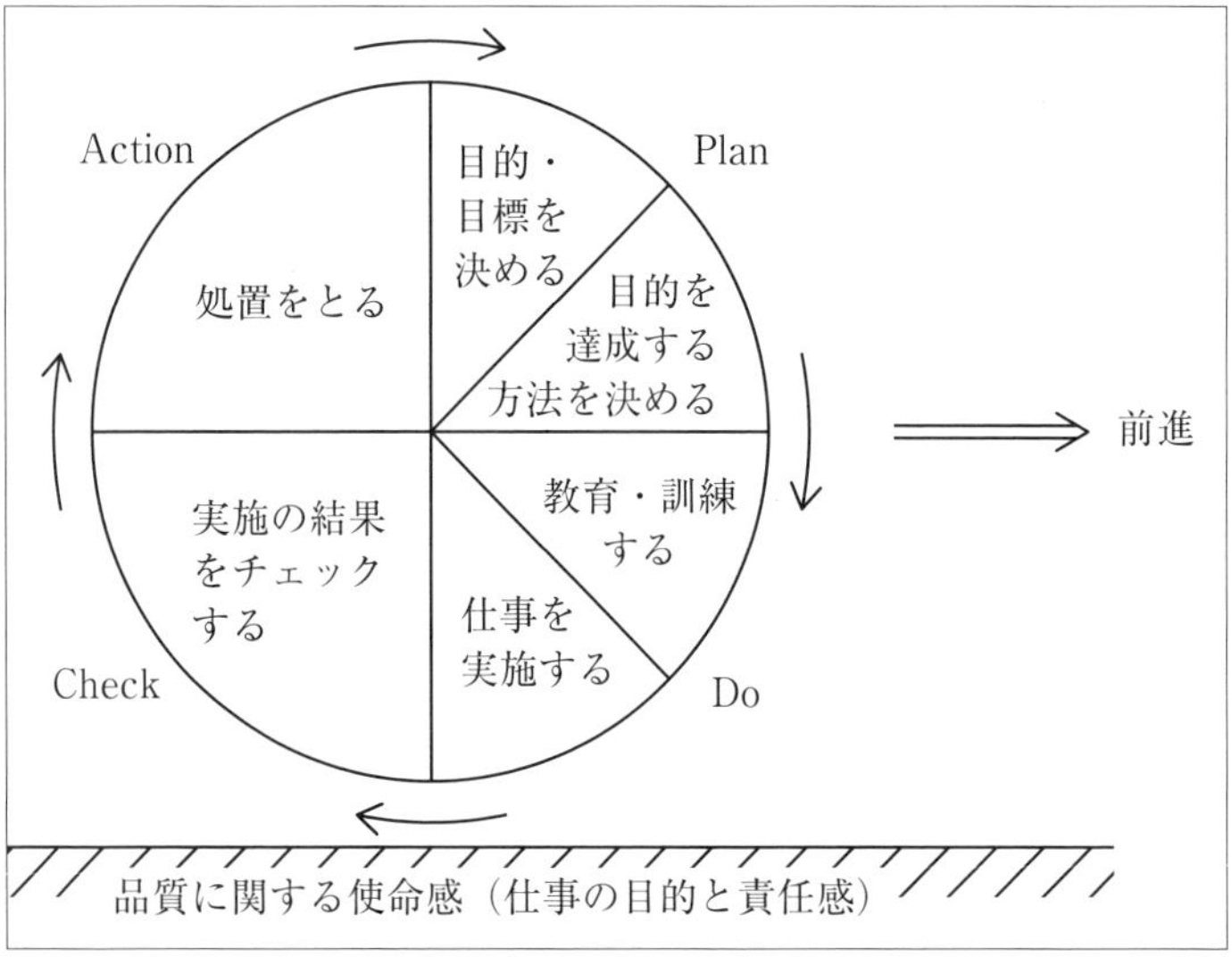

図1－2　管理の考え方・デミングサークル

台の項目を（　）で示す如く、「仕事の目的と責任感」に置きかえてみれば理解しやすい。そうして安全管理、販売管理、在庫管理、工程管理、労務管理、利益管理および目標管理などおおよそ管理と名のつくアイテムにはすべてにこの管理サークルを回すことが必須となるのである。

まず何を作るか、または何をするかという目的・目標が決まればPlan（計画）が発動される。Planには概略次の事項が含まれる。すなわち目的とする物の仕様と規格の制定、組織化と仕事の分担、各種技術標準や工程及び段取りの設定、材料の調達等の生産準備（仕事の準備）全般が整えられる。Doでは作業標準を決めていよいよ生産（組み立てや建設）を開始する。Check（初期はSeeと表示されたがLookと紛らわしいので）では目的とする製品や完成体を検査して、あるいは仕事の出来栄えを評価する。Actionでは Checkでの不具合や欠点の原因を究明し、再発防止対策を具体的に設定してPlanに引き渡す。Planでは不具合や欠点を再び出さないよう各工程段階を是正しDoに反映する。以上を繰り返し「仕事の目的と責任感」という土台の上に立って回転させ、改善に向かって一歩一歩前進させるのが仕事の管理サークルである。

これを主工程の管理サークルとすれば、製品の販売には販売のための管理サークルがあり、材料の調達には在庫管理の管理サークルがある。さらに秘書には秘書の、開発、設計、建設、保守等の目的を持った仕事が存在する限り管理サークルが存在する。かくして各部署の管理サークルを回すのがＴＱＣでありＷＱＣでもある。

次にこの管理サークルを筆者が在籍した電話会社の設備保全活動に当てはめてみると、設備管理、設備点検、故障修理、各種工事、サービスオーダー事務（電話機の取り付け）等々、仕事の目的によって自部署あるいは他部署との関連において管理サークルが無数に存在する。一例として設備保全についての管理サークルを示す（図１－３）。

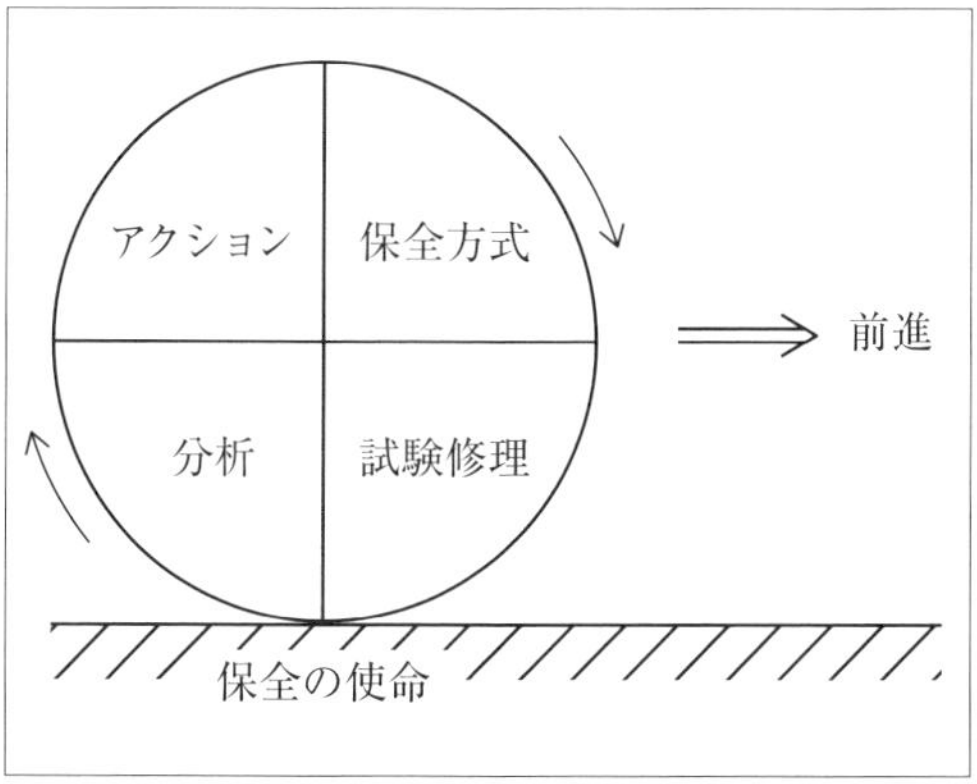

図１－３　設備保全の管理サークル

1−13　仕事の出来栄え（品質）の評価

製品の品質評価は完成体というものが可視体として存在するので、それを一定のルールに基づいて測定すれば比較的容易に評価が可能である。もちろん材質や寿命など困難なものもある。

一方仕事の品質となると、第一に規格がはっきりしないものがある。製品を製造する仕事の評価は、製品品質を評価することで代替できる。それ以外の仕事の品質の評価は、評価基準があればそれによるが、なければ速さや正確性、効率、安全、気配りなどのように非常に抽象的なものとなる。

たとえば電球1,000個を作るのに、稼動人数と日数、原料や設備の運用費などのコストをかけて完成したとする。この場合は製品を検査して、不良品が何個あったか、またこの不良品を分析して、工程別に仕事の品質評価が行われている。

先のNTTの仕事の例で言えば、通話完了率や電話番号案内サービスの応答時間分布率、受付故障率および重複故障率などにはサービスの評価基準を設けてあるが、電柱を何本建てた、設備の定期試験を何個やった、あるいは電話機の故障修理を何件、伝票を何枚処理した、などのように品質基準が具体的でない仕事の品質は評価が難しい。

しかるが故にWQCができないということにはならない。具体的な数値が無いから仕事の品質評価ができないのではなく、事故や苦情、要望あるいは故障の発生具合など、また先の建柱作業や定期試験などの作業評価についても代用特性によって、工夫次第で実際的に十分役立つ評価は可能である。できない理由を考えるよりは、以下に述べるQCの考え方を、どうやったらWQCに取り入れられるかにかかっているのである。

一般的に仕事は「目的を決定し、作業の方法や標準を定め、実施計画通りに実行するよう、作業者に命令すること」であり、これは誰でもできる。一方、QCは「その仕事が指示通りに実行されているかをチェックし、もし指示通り運ばれていなければ、これがうまく進むように修正措置（Action）をとる」ことである。ここで最も難しいのはチェックまたは評価することである。普通考えられるチェック方法は全工程を試験、点検することである。この全数チェックは伝票の二重集計作業で品質を確認するのと同じである。下手をすれば、主目的とする仕事の量に匹敵するチェック稼動を要し、全体としてコストの無駄が生じ何をやっているのかわからなくなってしまうこともある。とかく現場の管理監督者は、自分の責任を果たすために安易にこの全数チェックを部下に命じることが多いが、この方法に疑問を持ち、工夫を加えようとするのがＱＣ的考え方である。

ＱＣの原点は、このチェックや評価の方法を科学的な統計的手法を駆使して効率的に行い、Action につなげる効果を最大限に発揮しようとする技法にほかならない。これを統計的品質管理（ＳＱＣ：Statistics ＱＣ）という。

１－14　目標管理とＱＣ

ひところ「目標による管理」が提唱され、経営活動の管理手法として流行したことがある。これは、計画（Plan）－実施（Do）－評価（Check）の従来の管理サークルに工夫を加え、「目標設定－権限委譲、自己統制による実施－成果の評価」というサイクル（図１－４）を繰り返すことによって、従業員の自主的なやる気を高め、その能力を啓発し、仕事のやり方を改め、業績の向上を図ろうとするものである。

Ｐ、Ｄ、Ｃ、Ａの管理サークル手法についてはＱＣと同じである。ところが日本的ＱＣは、現在でもますます発展し国際的にも普及しているにもかかわらず、一方の目標管理はその姿を消してしまった。その理由を労働組合の反対（目標管理、提案制度反対）にあったからとする人もいるが、筆者は別の見方を

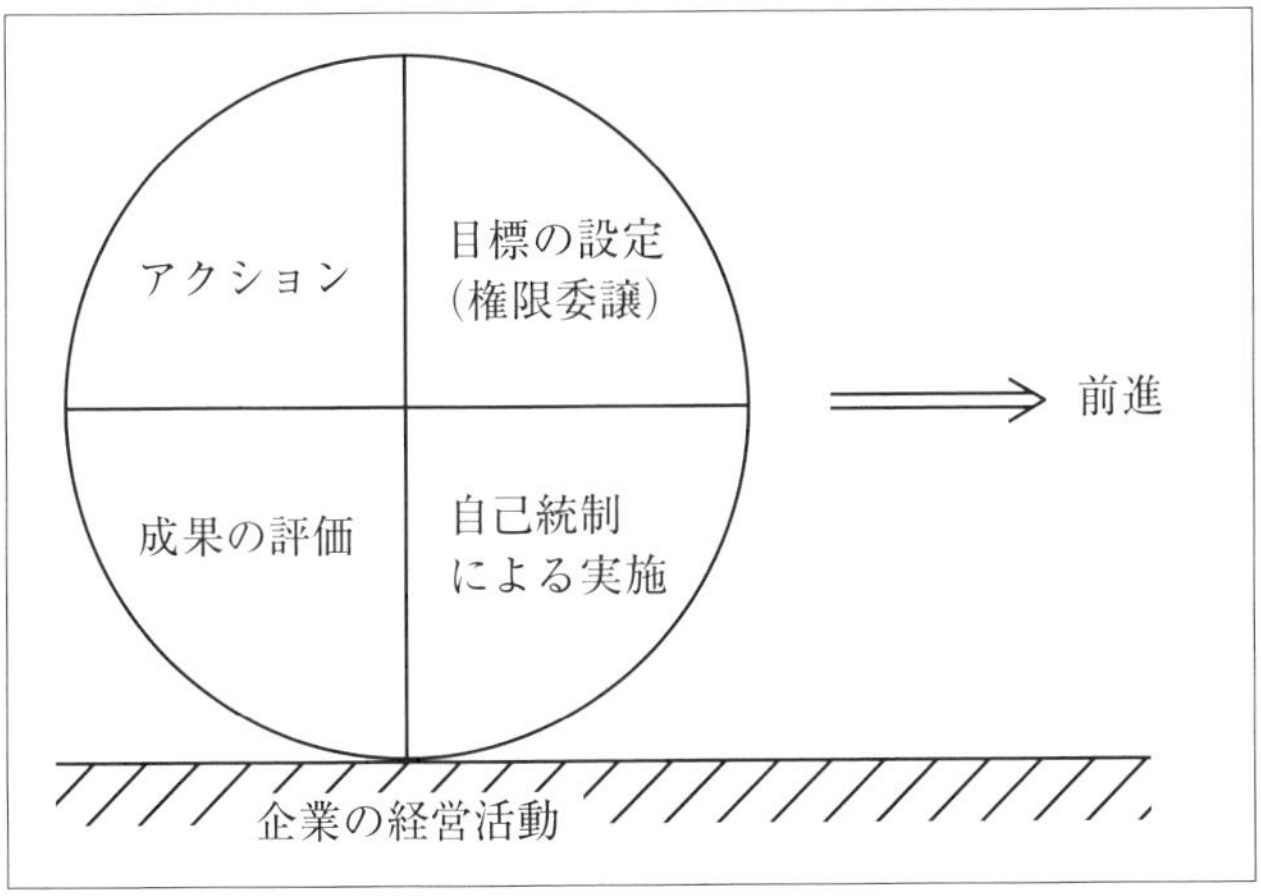

図１－４　目標管理の管理サークル

している。

すなわち目標管理は、目標の設定（Plan）と目標達成の指導（Do）に力点を置き、目標に向かって人間の能力を自由闊達に引き出し、職場の活力と働き甲斐を探る経営手法であるのに対し、ＱＣは結果の評価・測定（Check）に力点を置き、統計的手法を駆使して、徹底的にその機能を探り、的確にAction に結び付けようとする管理（Control）手法であると理解している。

ＱＣはCheck の機能を深く研究し、具体的なAction が取れて、次のPlan に反映し易くなる管理手法である。またＱＣでは高度で複雑な欠点（問題点）でも要因を徹底的に究明して再発防止に効果が出るまで原因を追求するようにしている。それに代えて目標管理では、Ｐ、Ｄを中心に据え、その方面を深く研究したためCheck の機能探求が二次的になった。問題点の解明が単純な分析で可能なテーマについては管理サークルがスムースに回転するが、ある程度改善が進んで問題が高度で複雑になるとCheck の機能が十分に果たせなくなってくる。その結果管理サークルが回転不全を起こし、結果をチェックして次のＰに反映することが、具体性を失い実行できなくなったのである。

その点ＱＣは、もともと「抜き取り検査」を主体とした、いわゆるCheck の研究から出発した技法であるので、問題の急所がつかみやすく、Action・Plan・Do への回転がスムースに回るのである。ここがＱＣの特技たるところで、今日まで永続し発展しているものと考えられる。

一時期ＱＣと目標管理との間にツール論争があった。目標管理主唱者はＱＣを目標管理のツールであるといい、逆にＱＣ主唱者は目標管理こそＱＣのツールであると主張する論争である。

どちらも正しいのであるが、今日ではあらゆる産業界においてＴＱＣを導入し、目標管理とことさら区別することなく、自然な姿で小集団活動を起こし、目標管理の良いところをＴＱＣに取り込んで実質的に成功しているのである。

１－15　統計的品質管理（ＳＱＣ）

製品には電球のような一個一個数えられるような個別的なものと、各種金属線のごとく切れ目なく生産される連続的なものとがある。どの製品も製造品である限り品質的に完璧なものはあり得ない。すなわち個別的なものの集団の品質評価は不良率で、連続的なもののそれは平均値と±幅であらわすようにしている。たとえば前者は平均不良率０・５％で、後者は線径１ｍｍ±１／１，０００ｍｍのようにあらわす。次章以下で詳しく説明するが、このバラツキが統計的な品質の表し方である。一般的に電線を精密旋盤で５センチ長に切断しても５センチを中心に±に若干の幅を持って出現するものである。

製品以外のサービス品質にこの統計的な表し方が可能かどうか。たとえば、ある荷物をＡ点からＢ点に運搬する場合（宅配便業）、車の車種は同じでも、運転手甲と乙、あるいは前回と今回との到達時間には当然バラツキがある。すなわち到達時間は平均値◯◯分±△△分という表し方になる。また設備保全サービスの品質の表し方に申告故障率がある。これも電話加入者収容局所毎にあるバラツキをもって分布している。全国平均値が０・４８件／１ヶ月１００加入者であり、全国１，９２０局所の集団バラツキはσ＝０・２５となっている。なおσ（シグマと読む）については後述（２－２－（４））する。

ＱＣは、このバラツキを統計的に処理して、品質を向上させ安定するように管理する手法で、ＷＱＣも全く同じ考え方である。仕事のある所にデータがあり、データのある所にＷＱＣがあるといえる。すなわちＱＣもＷＱＣもデータの管理と活用にほかならないのである。

１－16　仕事の組み立てとＷＱＣ

一般的に仕事の組み立てについては、製造業、建設業、サービス業など業種によって異なるように見えるが、ＷＱＣの立場から見ると、多くの共通点が存在する。すなわち目的を持って各事業が設立され（目標の設定）、その目的を達成するために人員が投入される。更に組織化することによって目的と人員とが細分化され（組織化）、その目的に見合った仕事が存在する。この仕事を効率的に進めるためにＷＱＣが優れて有効であることは先に述べたとおりである。

組織化の次には、各種標準が制定される。すなわち事業体の運営規則や各種実施方法（マニュアル）が決められる。これが標準化である。次に、集めた人員に所定の教育訓練を実施して仕事に従事させることになる（プロセス化）。仕事の成果が方針や指示通りに実行されているか否かをチェックする。チェックした結果、不具合や異常が発見されれば、その原因を究明しフィードバックして、再発しないよう防止策を講じて、再び仕事を継続させることになる。以上が仕事の組み立てと管理サークルの概要である。

これを図示すると図１－５のようになる、以下に、仕事の組み立てに重要な項目について、ＷＱＣから見た特徴について考察する。

（１）目標の設定

一般的に各部署での目標の設定は、トップの方針・目的に基づき、まず現状をチェックし、情報を収集して、その情報を統合し決定する。そして責任と権限の範囲内において仕事の計画を練り実行に移すことになる。

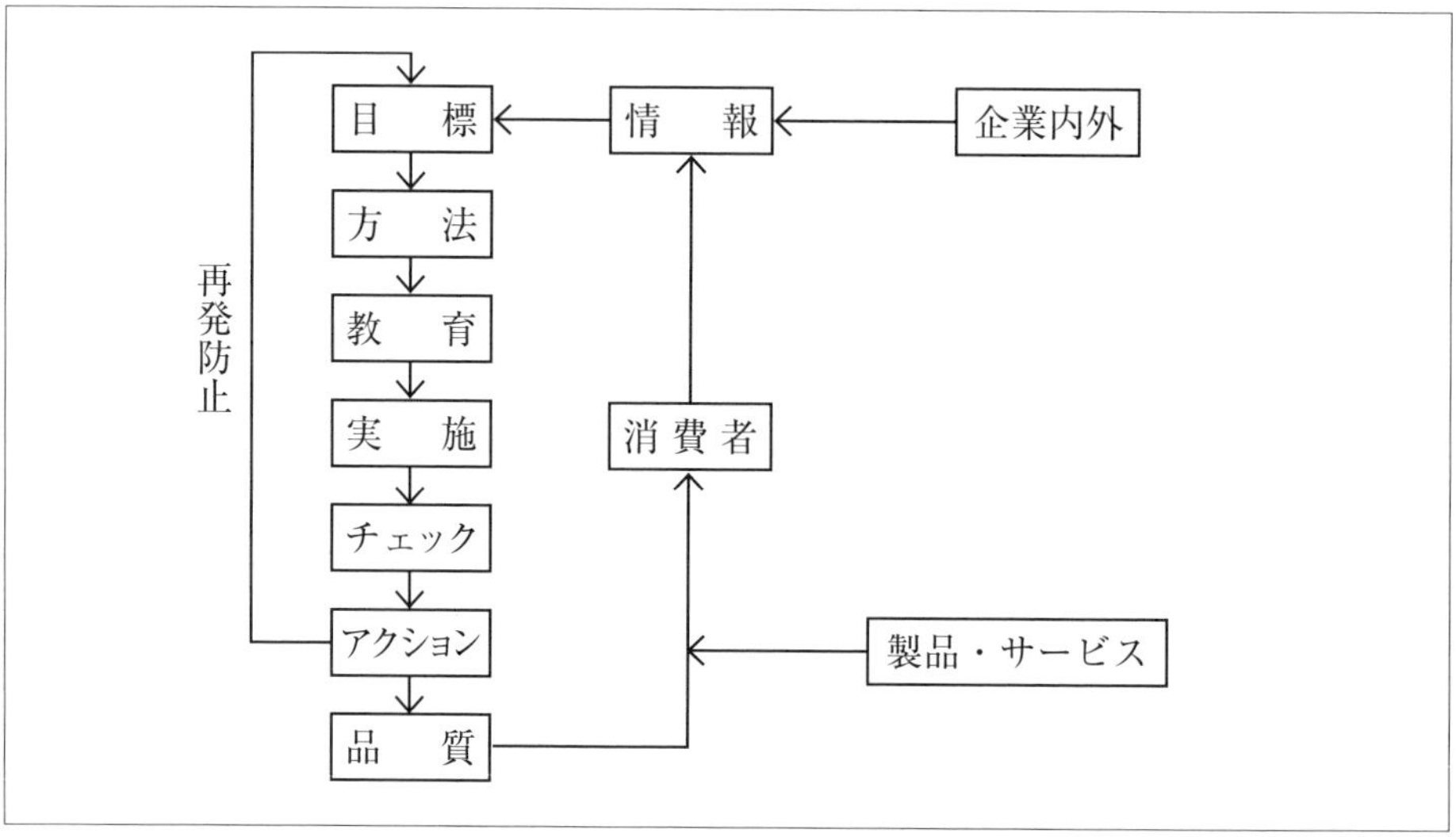

図１－５　仕事の組み立てと管理サークル

ここで合理的なチェックの方法を説くのがＱＣの手法である。チェックとプロセスの結果、情報収集は、どのような行動の組み立てかを分析してみると、ＱＣ的には次のようになる。

チェックとは実態を計ること。製品ならば品質に関する物理量、仕事ならばその成果や工数などのデータをアウトプットすること。ただし、データを眺めるだけでは目標設定に有効な情報は得られない。後述（７－１－（３））の通りこのデータを特性要因図やパレート図などＱＣ七つ道具を活用して、初めて有効な情報が取り出せるようになるのである。

データは多く採れば良いというものでもない。ＱＣ技法を知ればまずサンプル調査を念頭に置くのが常識的である。たとえばマーケットリサーチで約１、０００枚のアンケート回答を得たとする。その中から無作為に５０枚を抜き取って分析すれば大体の情報が得られるはずである。

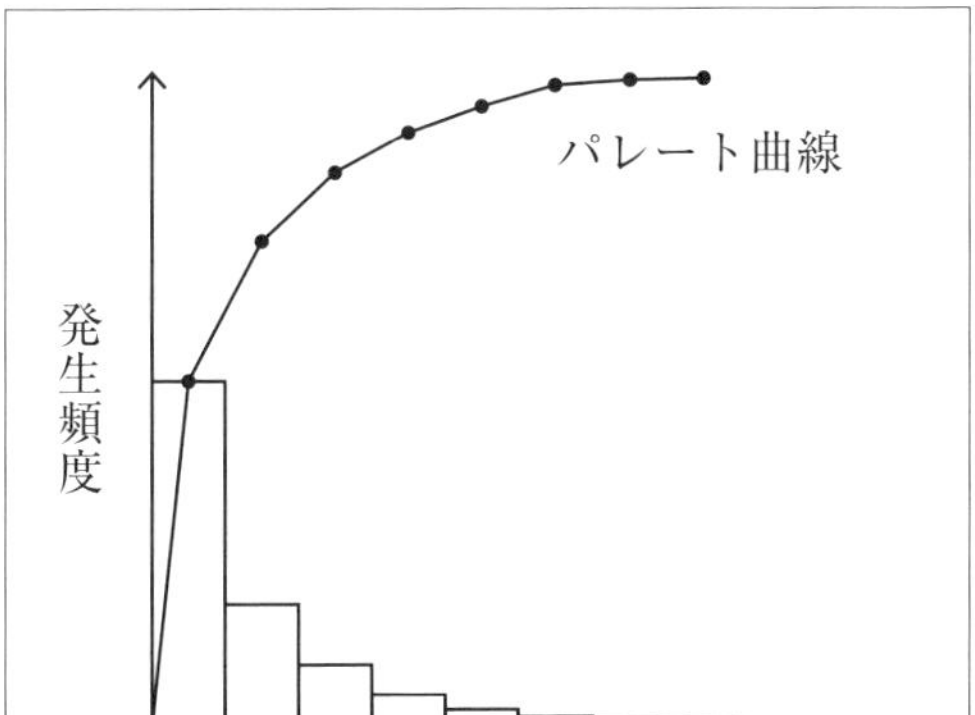

図１－６　パレート図の一例

一般に次の施策に反映する要因は無数に存在するが、効果の期待できるものから優先順位をつけて Plan に反映するのが合理的である。それにはパレート図（図１－６）を利用するのが効果的で、発生頻度の大きいトップ３項目について次の Plan に反映するだけで十分に効果が出るとされている。

以上の各項目を図１－５の矢印に示すような管理サークルに置きかえることができる。

（２）標準化

一般的に事業活動における目標達成の要点は、企業集団を組織化して、方針や方法を伝達し、従事者に動機付けを行い、指揮し、助言を行って目標を達成することといわれている。ここでいう、方針や方法を伝達し、とあるのは、まさにＱＣで言う標準化を意味しており、書面でもって客観的、具体的に伝達を裏づけていこうとするものである。

したがって標準化は権限委譲の一貫でもある。特に社内規定では一般的に規定しない例外事項、あるいは異常事態が発生した場合には、何処まで上司に報告するかを標準化しておかなくてはならない。とQCでは説くのである。すなわち「何処までやってよいか（権限）」、「何をやるべきか（責務）」、「誰の指示を受けなくてはならないか（報告）」などを、きめ細かく決めておく必要がある。そして権限は委譲できても責任は委譲できない。という思想がQCでは綿々と受け継がれている。QCでは標準は遵守すべきルールであり、その精神を重んずる一例を紹介しておこう。

ある有能な作業者が、自己の創意工夫によって他の作業者よりも生産効率を格段に向上させた。定められた標準は逸脱していたが結果は良好であった。そこでその企業は、標準を勝手に変更した咎で彼を罰し、後日会社の記念日に彼を表彰してその功績に報いたという。

何故このように標準の遵守を重んじるかといえば、一つには欠点や不具合の再発防止対策を重んじるからである。すなわち標準によって行動を細かく律しておかないと、マンエラーかマシンエラーかの区別が曖昧になり、原因の探索が的確に行えないからである。工程や作業に異常が発生した場合、その原因の探索や究明に時間ばかり食って、しかも漠然とした結果に終わると、迅速な再発防止対策が打てなくなって、作業ラインの休止を余儀なくされ、損害をますます増大させることになるからである。

その二つ（マン・マシンインターフェースにかかわる技術標準や作業標準）には、企業が長期間かけて築いた、品質や安全についての研究成果であり、とりもなおさず重要なノウハウ的要素が多い。

企業のノウハウはPlanとDoに結集されているように思えるが、それればかりではない。管理サークルの次に位置するCheckとActionがバランスよく実行されることによって、初めてこのサークルが途切れることなく永続的に回転し、ますます貴重なノウハウが蓄積されていくのである。そして合理的な方法論が確立されるばかりでなく、固有技術の進歩につながるものといえよう。

標準化に関して、次のような取り扱いが必要である。

①標準化は社内規程や通達と同じように原簿を整備し、分類、体系化して、すぐ取り出せるようにしておくこと。
　これを標準化体系という。

②標準化は必要最小限度に抑えなければならない。細部になりすぎると、全体が見えなくなってしまう場合がある。
③標準類は少なくとも1年に1回は見直しすること。見直し者とその月日を記録しておくこと。
④死せる標準は誤用を避けるために確実に破棄しておくこと。
⑤やたら外部の人に見せないこと。

そして、標準化の改正や見直しのコツは、製品や仕事の不具合からの再発防止対策の一貫として処理することである。すなわちCheck の立場から考察したほうが、欠陥や事故を起さないために抑えるべき要素事項の軽重が判断でき、よって標準化の冗長性が無くなり、要点が明確になるからである。

（3）教育訓練

標準が決まれば作業者への教育訓練が必要である。標準が如何に完璧にできていても、作業者が理解し確実に実行しなければ意味をなさない。

標準化が権限委譲を目的としているならば、教育訓練もまた権限委譲のためのものである。教育しなければ一人の作業者に一人の監督が付くことも必要になってくるし、仕事を任せることは不可能である。

不具合や欠点の原因を作業者の不注意にしてしまう場合があるが、深く要因まで突っ込むと、作業者への訓練不足ということがよくあるので、このような側面にも注意しなければならない。

訓練のコツについては、ＱＣ的に原因から物事を見る癖がつけば、何を重点的に教育すれば、所与の仕事のためになるかが明確に見えてくるものである。

（4）仕事のチェック

教育された人員を配置して、指示命令をだし、仕事をしてもらうわけであるが、その結果として製品が生まれ仕事の成果が実現する。その品質や出来栄えを評価するのが、製品の品質チェックであり、また仕事の出来栄えチェックでもあり、ＱＣ技法の最も重点をおくところである。

すなわち仕事が方針や指示通りに正しく行われているかどうかは、チェックしてみなければ判定できないのである。製品を使用した顧客や後工程から苦情が来てから、自工程の仕事の品質を知るようでは、はなはだ無責任であるといわざるをえない。

人間は如何に性善説をとっても、間違いや誤解はあるもの。また如何に信頼性の高い設備であっても、故障はあり得るし、道具や測定器についても同じである。したがって管理者は、教育して命令した仕事が、うまく行われているかどうかを、必要によりチェックし、その品質を確認しなければならないのである。すくなくとも工事長、係長といった長の名の付く人は、何処で、何時、何をチェックしたら良いか、またどんな方法でチェックしたらよいかの管理技法を持ち、それを常に実行しなければならない。ここまではどの経営書でも説くが、このチェックは言うは易しく、行うは難しいのである。

有能な管理者は、己の経験と知識によって考え方を整理し、これらを素早くやってのけるのである。そこで誰でも有能になれるように、その方法論を具体的に説くのがQC技法にほかならない。

管理者としては仕事がうまくいっている間は放っておいて、うまくいかない時だけ行動するのが得策である。うまくいっているかどうかを判断するのには、次の二つの考え方がある。端的にいえば製造工程の最終段階で行う全数チェックと、ロット毎に品質評価を行う抜き取りチェックである。

(ア) 原因から事象を見る

管理、監督者が現場を巡回する目的の一つは、現場作業者が指示通り、標準通りに働いているかどうか、また装備や工具を正しく使っているか、あるいは機械や設備が正しく作動しているか注意深くチェックすることである。作業管理でいえば、人間の間違いや事故を起こしそうな手順や動作、すなわちその原因となる事項が、うまく抑えられているかどうか注意深く見て回る必要がある。有能な管理監督者は、過去の人身事故など重大事故についての原因となる行動様式を再現させないように、監督し、注意し、助言する。すなわち原因から事象を見るようにするのである。

(イ) 結果でチェックする

仕事の結果も製品と同じく品質であり、出来栄えである。その尺度は完成体が仕様書規格に合致しているかどうかである。更に広義に考えれば、故障率、手直し率、そして生産量、コスト、スピードなど過去との変化を見ることによって、仕事や作業工程がうまくいっているかどうかを、結果でチェックする方法である。事故も顧客からの苦情も、仕事の結果から出るものと見てよい。要するに結果を調べてその仕事や作業工程の異常を発見し、分析して原因を除去するようにActionし、工程改善のPlanに役立てようとするものである。

結果でチェックせよというのがＱＣの特徴であるが、それは次のような考え方に立っている。

(i)「チェックした結果で工程を管理するのであって、結果を管理するのではない」ということである。理屈っぽい言い方であるが、別の言い方をすれば１－11（２）項で述べた如く、コスト管理といえばコストを管理するのではなく、コストで工程を管理することを重要視するのである。ＱＣでは、コストで管理するということは、各支出項目を分析して、多い項目の原因を調べその原因を除去してコストを改善しようと考える。つまりＱＣでは、品質で仕事を管理して、仕事の工程が管理されれば、次第に良い結果が生ずるものであるとしている。このことは「工程で品質（結果）を作りこめ」というＱＣの基本的考え方に到達するのである。

(ii) 仕事の結果をどのような特性でチェックしたら、最も効果が期待できるかを、常に工夫する必要がある。結果が製品の場合は、半製品の段階で、それぞれ工程の要所に、管理の網を張ることができるが、各種工事や事務処理のような仕事は、網を張る工程を探すのが難しい。しかしながら工夫次第では十分にＱＣ技法を働かせることができる。

(iii) 結果は必ずバラつくということである。同じ材料と設備で同じ人が生産すれば、同じ製品が出来ると多くの人が考えがちだが、これは大きな間違いである。ほぼ同じ製品ができるであろうというのが正しい。１－15統計的品質の項でＱＣとバラツキの関係を述べておいたが、ここでは何処までバラツキを許容するか、いわゆるバラツキの管理について述べる。

たとえば在庫管理について考えてみよう。在庫量を減らすことばかりに意識が向いて頻繁に欠品が発生すると、セールスマンのやる気を阻害するばかりでなく、経営的にも収益機会の消失により損害をこうむることになる。といっても、セールス部門ではきまって欠品率０を希望するけれども、供給部門は生産計画と在庫経費の関係で欠品率０は保証できないのが現実である。そこで過去の販売数のバラツキを調べ、その分布図から偏差値を計算し、欠品率を何％におくかを両部門で取り決めれば、納得して相互の組織活動に邁進することができるというものである。

前述したように、仕事に影響を与える原因は無限に存在する。それをゼロに抑えることは不可能である。

いくら標準通りに仕事をしても結果（出来高、品質、発見率、欠品率等）は必ずバラつき、ある分布をもったデータが出てくるものである。分布をもったデータが採れれば、工程管理に優れて役立つこととなる。つまり後章図3－1、3－2の管理図で示す如くチェックしたデータが管理限界の外に出た場合は、工程（人、物）に異常が発生している確率が高いと判断するのである。管理図の詳細については第3章で後述するが、図1－7に管理図の一例を示す。

(iv) 結果のチェックは層別および単位別に記録して、残存しておかなければならない。層別および単位別とは、製造工程ならばロット、作業の場合は工程の単位や作業者グループ、在庫管理では物品や配送単位、設備管理であれば機種機能別および稼働率などである。

(v) チェック情報のフィードバックは可能な限り迅速に、的確に、適時期に、適人により行われなければならない。適人とはこの情報を有効に活用する権限を持つ人のこと。

(5) 措置（Action）

1－11（3）項で述べた通り、チェックして仕事や設備あるいは製品に異常があることを発見しただけでは意味を為さない。その原因を徹底的に究明して深奥にある要因を除去することに重点を置くことが大切である。いわゆる不具合の再発防止対策を講じることこそがアクションである。

アクションを取る為には的確な原因究明が先行することはいうまでもない。原因究明とアクションは一連のもので、原因究明が不十分であると効果的なアクションは取れないのである。

設備や材料に直結するような原因は比較的アクションがとりやすいが、

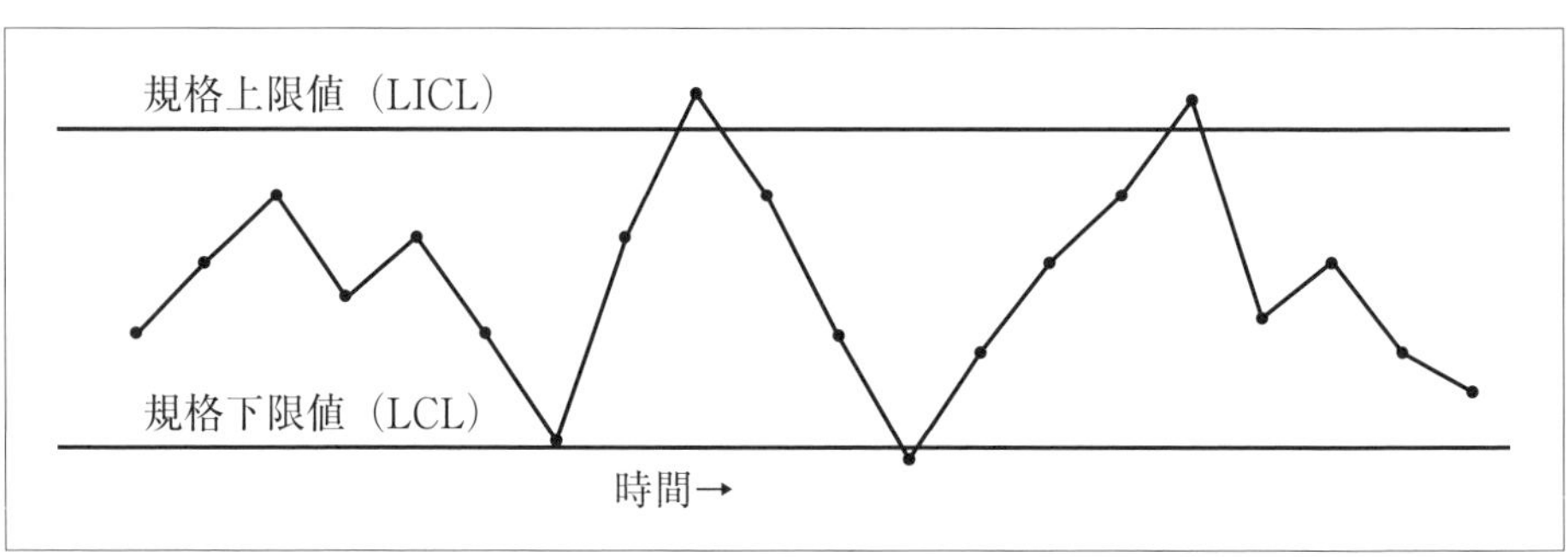

図1－7　管理図の一例

最も難しいのが作業者の不注意に起因すると思われる事象である。欠陥や事故が起こると、とかくその原因をヒューマンファクター、すなわち作業者の不注意に帰すことがままある。いわゆる注意喚起型のアクションである。原因究明でこの原因事象から一歩も出られないことを、安全管理では「藪の中」、あるいは「迷路に入る」と言っている。

ＱＣの世界ではこのような注意換起型や朝礼訓話型および叱咤激励型のアクションは、効果も小さく長続きせず、当然説得力もないものとしている。

作業者の不注意に起因したと思われる欠陥や事故でも、より深く分析してみると不注意を誘発した原因らしき次のような事象が浮かび上がってくるはずである。

(a)　標準（マニュアル）に不備は無いか、あるいは治工具に不具合や使いにくさはないか。

(b)　標準（マニュアル）に非常に高度な技術力や熟練を求めていないか。

(c)　教育訓練が十分施されているか。

(d)　標準（マニュアル）の内容について本人の納得が得られているか。

(e)　本人の見間違い、誤解、見過ごしや勝手な誤判断等。

(a)～(d)は管理監督者がアクションしなければならない問題である。最後の(e)についても、何故見間違い、誤解、見過ごし、誤判断をしたのか、作業環境（照明、作業台、治工具や資料の配置、負荷等々）について見直してみる必要がある。

事故や欠陥の原因究明が以上のような要因段階まで進むと、アクションとしての効果的な再発防止対策が取り易くなる。なるべく原因を人の不注意の所為にすることだけは避けなければならない。

アクションをとる場合、最も注意しなければならないことは、経済合理性および仕事の合理性を満たすものであること。すなわち経済合理性とは、その対策が経済的であること。仕事の合理性とは、アクションをとることによって必要以上に工数が増加し、複雑で高度な技術力を要するものは、作業者に受け入れてもらえないことがある。しかしながら重大な事故等安全対策については、この経済合理性や仕事の合理性を犠牲にしなければならない場合がある。

さらに危険作業は極力排除することやフェイルセーフ（fail safe：操作を間違えても安全側に働く）、フール・プルーフ（fool-proof：間違った操作が出来ないようにする）の考え方を取り入れると再発防止対策に役立つことが多い。

（6）アクション結果のチェック

アクションをとった後の最初のロットや工程は、当然チェックして、良好に運んでいるかどうかを確認する必要がある。完全に再発しなくなるまでアクションを継続する必要がある。完全に再発しない目安は数値的に余裕を持つことと、作業においては危険行為がなくなるまでであろうか。ＱＣを導入している企業はこの対策の立て方が的確であるばかりでなく、技術的ノウハウの蓄積ができ企業の経済効果が大きいのである。

ＱＣ屋が別名再発防止屋とも言われる所以である。

1－17　仕事の出来栄え管理（ＷＱＣ）

これまで長々とＱＣの考え方に基づいて仕事の品質管理について述べた。また前節では仕事の組み立てについて記述したが、本節ではいよいよ仕事の出来栄え管理、すなわち仕事の改善の手法について述べる。

ＱＣは統計的な考え方を離れては存在し得ないので、一般的には統計的品質管理（ＳＱＣ）として普及している。このＳＱＣは主として製品に関する品質設計から製造、出荷、消費者まで管理に適用され、その後製造、販売を支援する経理、人事、訓練および在庫管理などの事務処理までに、拡大適用するよう発展したのが全社的ＱＣ（ＴＱＣ）である。更にこのＴＱＣをサービス業や建設、運輸業などの仕事の出来栄えに適用しようとするのがＷＱＣである。

いずれにしてもＱＣをやるには４Ｍの管理、すなわち人（Man）、物（Material）、装置（Machine）、方法（Method）の管理が必要である。ＷＱＣにおいてもこの４Ｍの管理が基本となり、全く同じ考え方に立脚することができる。

（1）品質設計と工程設計

筆者が経験した電気通信設備の保全活動を中心に考えると、まず保全の仕事とは何か、保全作業の品質、つまり保全という仕事の到達すべき出来栄えをどの様に考えるか、さらに、それを完遂するための行動基準や手続きおよび事務処理要領を定めなければならない。前者を品質設計、後者を工程設計という。

以下に公社の事業運営の一例について述べる。通信設備の保全活動にはサービスを生産している設備をミニマムコストで維持管理する活動と、サービスオーダー（ＳＯ）に代表される加入者の新規開通や移動処理および故障受付など、顧客と接する日常作業とに別れる。また故障修理や巡回点検および設備工事などの現場作業と、それらを支援するデスク作業に別れる。さらにこの保全活動を全国的に統括する本社や中間管理段階の関係部署で構成されている。

この保全部門の品質設計では、本社で決める全社的なものと、各現業組織で決めるものとがある。前者の例は、保全サービス管理値や設備管理値、不良設備限界値などで、後者の例では、加入者毎のサービス開始日の指定や現業で使用する資機材の欠品率、オーダーの持ち戻り率、稼働率、苦情および事故件数などがある。

工程設計とは、仕事の目的に向かって、それぞれ効率よく合理的に組み立てられた作業手順であって、各種標準類の内容がこれに当たる。これらの標準類は権限の範囲内で検討され制定されるべきものである。工程設計で重要なことは、何がメイン業務で何が支援業務かをあらかじめ決めておくことである。たとえばＳＯ（サービスオーダー）では、加入申し込みの受付から取り付け工事が完成して電話が開通するまでがメインで、ケーブルの空き回線の存在や工事材料の準備などは、支援業務であることを明確にしておくこと。そうしないと業務改善を行う場合、何が重要なのかの区別および優先順位の判断がつかなくなってくるからである。

ＳＯ以外の工程としては顧客からの申告故障率や通話完了率などを減少させて、サービス品質のレベル向上のための仕事がある。前者の向上を図るには定期試験に代表される設備の予防保全の工程、後者の通話不完了の原因には設備の故障、設備（回線）数の不足などがあり、これらを改善するための工程、その他回線の故障率、設備区分ごとの故障率などを向上する工程がある。

（2）品質と工程の改善

管理というのは現在の能力を最大に発揮させて、このレベルを安定的に保持していく行動である。改善というのは、この保持している能力を細部に分解し変更して、コストやスピードおよび安全性などを向上させていく行動である。これは一見互いに矛盾した行動のように見えるが、この両者の関係を端的に言えば次のようになる。すなわち「管理しようとすれば自然に改善が行われ、改善を行おうとすれば自然に管理の重要性が判ってくる」こととなる。

改善には身近な改善と、抜本的な改善がある。前者は日常発見しやすい項目の改善であり、ここでは後者の抜本的な改善について述べる。抜本的な改善には次のような方法や手順が提唱されている。職場のトップが改善目標を立て、率先して取り組み、周知を集めてやってみると案外身近な改善であることが多い。

①基礎的条件

(i)　企業のトップが強い改善意欲を示し、改善の具体的方針を指示すること。そして社内全体に改善意識が漲る雰囲気を醸成し、開拓精神を旺盛にさせる。

(ii)　社外から改善について刺激を受けること。例えばクレームからのヒントを得るとか、コンサルタント等による診断。

(iii)　提案制度、標準の改定、ブレーンストーミングなどの活用。

(iv)　人事配置、賞罰制度

(v)　「出る杭は打たれる」、「何もしないのが勝ち」など官僚主義的大組織病の廃絶。

要するに全社的に改善意欲を起こさせ、それをうまく助長し活用すること。現状に満足せず、マンネリズムに陥らないよう指導することが必要である。問題が無いと感じたら進歩は完全にストップするばかりでなく、むしろ退歩するとしたものである。

②問題点を発見するための調査

真の問題点が発見されれば、その問題は半分解決していると言われている。管理が十分行われていないと、問題の発見ができず、問題探索のために右往左往することが多い。問題発見のコツは

(i)調査の任務はスタッフ、ラインの何れにもあるが、問題を発見する任務や、問題点を具体的に決定する任務は所属長にあるとしている。
(ii)現状の真の姿をしっかり把握すること。たとえば現場を深く詳細に見て真の工程能力を知ること。工程能力とは先のＳＯで言えば、開通日程や事務処理の平均的なスピードなどをいう。
(iii)探索方針の決定や問題発見のための具体的なデータが必要である。層別したデータ、度数分布、パレート図、グラフや管理図など。
(iv)全関係者から自由に意見を具申させる。周知を集める。提案制度やブレーンストーミングなどを活用する。
(v)調査データを集め、解析し、総合的な見地から問題点を発見する専門部署を置く。
(vi)提出されたデータが変に曲げられていないか、バイアスが入っていないか、情報網が途切れていないか、などそれが正しい情報であるかを常に注意する。

③問題の決定
(i)改善問題の決定方法は全社的に標準化しておく。最終決定は権限範囲の所属長が行う。
(ii)問題には慢性的なものと、突発的なものがある。とかく突発的な問題が取り上げられやすいが、従来から手をつけにくい、またはあきらめているような慢性的問題の方が、コスト的に重大性を帯びている場合が多い。
(iii)全社的なものや、各ラインをまたがる問題の解決には、必ず調整部署を置く必要がある。改善テーマを取り上げる場合、トップダウンで業務の担当ごとに分割して指示するほうが解決しやすい場合がある。
(iv)解決見通しの立てやすい問題を、優先して取り上げようとするが、これを放置すると全体的に重大な問題が後回しとなり、重箱の隅をほじくるような小物ばかりを取り上げる危険がある。解決の可能性をあきらめてはならない。
(v)重大問題は可能な限り早く手をつけ、その数を少なくしておくこと。重大問題が沢山あるときは、どの重大問題から手をつけるかが重大問題となることに注意すること。

④改善・解析方法の検討

前項において、決定された問題項目を、如何にして改善していくか。詳しくは後述（7－5）するが、問題の実情把握が進み、それぞれの原因から要因の具体的な解析が進めば、自ずから具体的な改善策が見えてくるはずである。

（3）ＳＱＣと技術

技術者を広義にとらえると次の3種類がある。

(a) 科学者（Scientist）

(b) 技術者（Engineer）

(c) 技能者（Technician）

科学者というのは、基礎科学をコツコツと研究する人のこと。技術者とは基礎科学を経済的に上手に応用する人々のこと。そして技能者とは機械や装置を運転し、故障修理や測定器を操作する専門家であろう。

ＱＣと研究・技術との関係は、簡単に言えば次のようになる。

固有技術が無ければ、実務的にＱＣを使いこなすことは難しい。要因を探す原動力は研究と技術と技能（経験・熟練）である。しかし技術は統計的手法により急上昇する。またわれわれは固有技術や統計技術、管理技術という手段を活用して、目的である品質を管理し、効果の上がるＳＱＣを推進していかなければならない。

技術（Engineer）についてはいろいろな種類の言葉が用いられている。たとえばProduct eng. Design eng. Industrial eng. Sales & Service eng. など。保全技術とは、さしずめMaintenance eng. であろうか。

これらのeng. をＳＱＣ的に分類するとつぎのようになる。

(ア) 製品研究技術（設計技術も含む）：製品の仕様書、使用方法、真の特性と代用特性、検査方法など

(イ) 生産技術：生産方式、工程設計、治工具の開発、生産管理方式の関する技術など

(ウ) 販売（マーケティングも含む）技術：使用方法、消費者の要求、市場調査の関する技術

(エ) 設備保全技術：故障修理、測定技術、保全方式に関する技術など

(オ)　設備運用技術：トラヒックや回線コントロール技術など

(カ)　サービス技術：故障受付と処理、顧客指導とコンサルタントなどの技術

（４）ＱＣと他の管理手法との関係

事業を経営するには目的と手段がある。目的は、社会に役立つことにより利益を上げ、事業を継続することである（利益とは無関係の場合もある）。その目的を達成するための手段には、各種管理手法が提唱されている。経営の三要素は人、物、金であり、管理要素としては品質（出来栄え）、コスト（利益）、量（規模）の三本柱、あるいはＱＣ的には４Ｍ（Man，Material，Machine，Method）となろう。これらをうまく管理することにより、経営の目的が達成されることになる。

これまでに提唱されている代表的な管理手法には、ＱＣのほか目標管理、工場管理（ＩＥ）、在庫管理および工程管理（自動制御）、安全管理等がある。以前に目標管理信奉者とＱＣ専門家とが、相互に相手の手法をツール（Tool）呼ばわりした、いわゆるツール論争があったと聞くが、これは馬鹿げた論争であることは言うまでもない。

ＱＣにおいても、自身の問題解決のために必要とするならば、ＩＥや目標管理、時間研究、動作研究、自動制御技術等、あらゆる手法を大いに利活用して、その道に精通することは、幅広い技術力をつける意味において、歓迎すべきことである。

物理、化学、電気などの固有技術も、経営という立場からすべて応用すべき手段である。仕事をうまく管理していくためには、あらゆる手段を利用して、総合力が発揮できるように常に考慮していかなければならない。

第2章　統計的品質管理（SQC）

2－1　統計学の基礎

統計学はなかなか厄介な学問である。筆者も高校時代に、数学の科目で順列、組み合わせと聞いただけで、嫌気が差したものであった。代数や三角法・三角関数などは、多少なりと将来のための学問であるとの理解ができたが、これが統計学を理解するための基礎的学問であると聞かされても、何でこんな面白くもない面倒な学問が必要なのかと、理解することを棚上げにして、すべて暗記に頼った記憶がある。

それほど面白くない学問ではあるが、QCを理解し仕事の出来栄え管理に展開していくためには、統計学の難しい理論や確率論の数学的テクニックの全てを知る必要はないが、ある程度の統計的知識が必要である。ただその特性や使い方を知っていれば十分で、少なくとも統計的な物の考え方だけは十分に理解しておかなければならない。特に、確率と確率分布の基礎的知識は十分に備えていただきたい。

確率と確率分布を、ある程度理解するためには、その前段となる最も無味乾燥な集合や場合の数、順列、組み合わせについての理解が必要なので、序章に解説するが、さらりと読み飛ばしてもかまわない。後で必要の都度読み返すことにしていただきたい。

（1）集合と場合の数

集合とは一定の特性に属する集まりのことで、「体重の重い日本人の集まり」や「10に近い数の集まり」は特性があいまいなので集合とはいわない。「偶数の集まり」や「1、000cc以上の車の集まり」は集合である。

小学生の例で言うと、１年生から６年生までの全生徒を集合Ａ（set）で表し、１年生のみ集合を要素ａ（element）で表わすと、図２－１のような構成である。ａはＡの部分集合ともいう。また集合Ａに属さない要素の集合を全体Ａの補集合といい$\bar{A}$（Ａバーと読む）で表す（図２－２）。

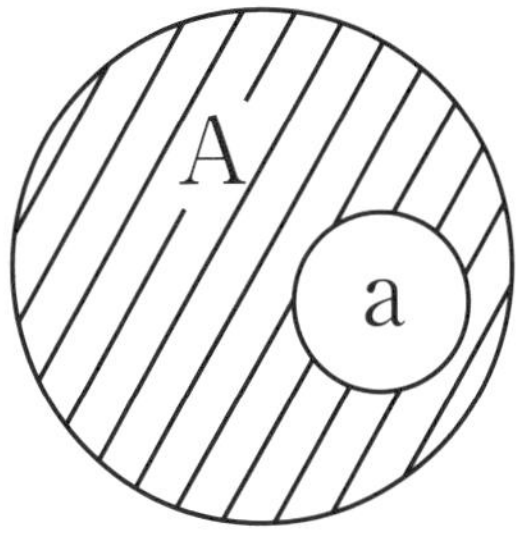

Ａは小学生全体（set）
ａは１年生（element）

図２－１　集合と部分集合

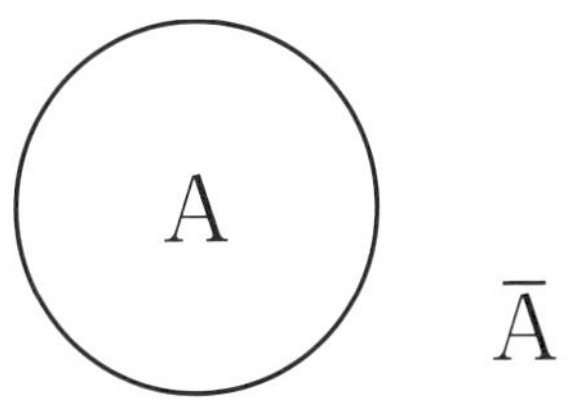

図２－２　補集合

(i) 和の法則

大小２個のサイコロを投げたとき、出る目の和が４と５になる場合の数は幾通りあるか。

囲２－１のごとく、３＋４＝７である。

ここで目の和が４になる場合と５になる場合は決して同時に起こらない。いわゆる独立事象の総数はそれぞれの和をとればよい。

出る目の和が４となる場合の数３通

大きいサイコロ	1	2	3	
小さいサイコロ	3	2	1	

出る目の和が５となる場合の数４通

大きいサイコロ	1	2	3	4
小さいサイコロ	4	3	2	1

３通＋４通＝７通

囲２－１　和の法則

(ii) 積の法則

A、B、Cの町へ行くことのできる道がa、b、c、及びp、qの場合、

町Aから町Bに至る3通りと、それぞれのBからCに至る道は2通りであるので、囲2－2如き樹形図が描けて、AからCに至る道順は全部で3×2＝6通りとなる。いわゆる従続して発生する場合は両者の積をとればよい。

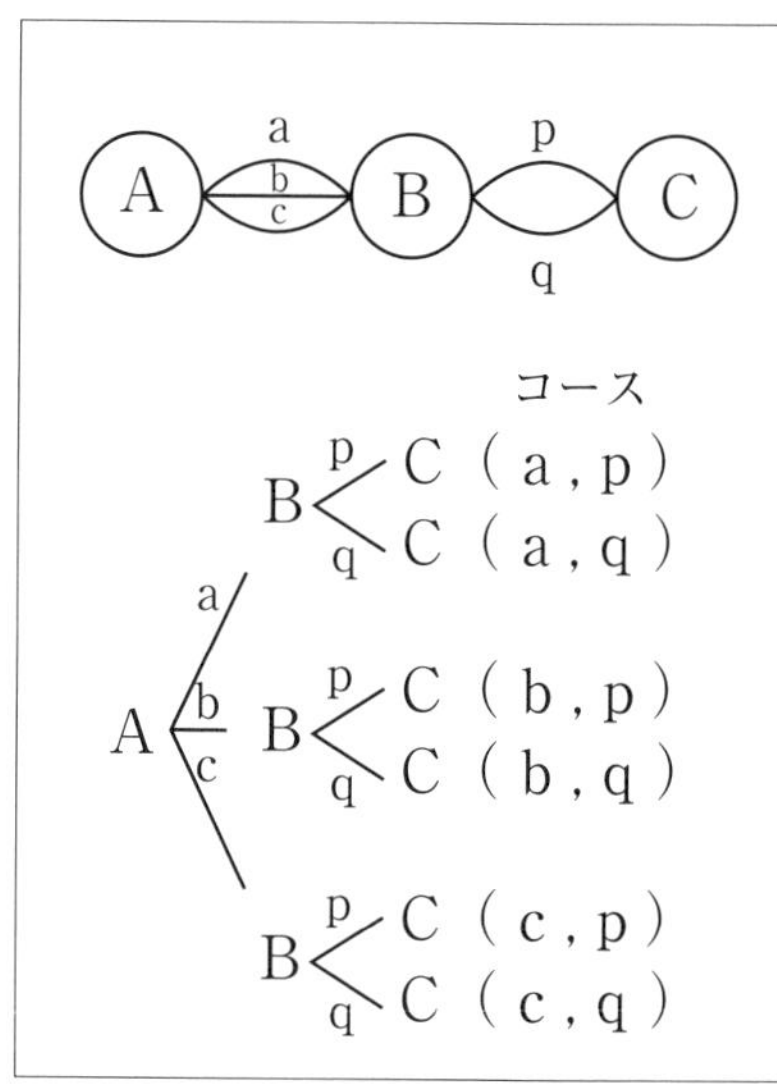

囲2－2　積の法則

(2) 順列と組み合わせ

いよいよ頭が混乱してきたと思えるが公式・例を示しておくので、後刻必要な時に読み返していただきたい。

(i) 順列

異なったn個のものから、異なるr個を取り出し1列に並べたとき、その一つずつの配列のことを順列といい、数学では記号Pを用いてあらわす。順列には幾とおりもの配列の決め方がある。この公式は囲2－3のとおりである。

n個からr個を取り出す順列の公式

$$_nP_r = n(n-1)(n-2)(n-3)\cdots(n-r+1)$$

n＝rの場合

$$_nP_n = n(n-1)(n-2)(n-3)\cdots 2\cdot 1 = n!$$

これを公式に当てはめると

$$_nP_r = \frac{n!}{(n-r)!}$$　（！はカイ乗と読む）

例

a，b，cの３人がいて、カラオケで歌う順番は次の６通りである。

a，b，c
a，c，b
b，a，c
b，c，a
c，a，b
c，b，a

$$_3P_3 = 3! = 3\times 2\times 1 = 6$$

計算の具体例

５人のうちから４人を並べ替えるには

$$_5P_4 = \frac{5!}{(5-4)!} = \frac{5!}{1!}$$

$$= 5\times 4\times 3\times 2\times 1 = 120$$

囲２－３　順列の公式

ここまでにしておきます。

(ii) 組合せ

組合せとは、ｎ個のものがある場合、その中から決められたｒ個を取り出す組み合わせ数をいう。数学では記号Ｃで表す。このとき取り出す組み合わせの順序は考慮しない。組合わせの公式は囲２－４のとおりである。

組合せの公式

$$_{n}C_{r} = \frac{_{n}P_{r}}{r!} = \frac{n!}{(n-r)!\,r!}$$

例１

４人のカラオケ好きな人a，b，c，d がいたとする。２人でデュエットする場合の組合せの数は、 [a, b] [a, c] [a, d] [b, c] [b, d] [c, d]の６組となる。

$$_{4}C_{2} = \frac{_{4}P_{2}}{2!} = \frac{4!}{(4-2)!\,2!} = \frac{4 \times 3 \times 2 \times 1}{2 \times 1 \times 2 \times 1} = 6$$

例２

男子４人、女子３人の中から４人の委員を選ぶ組合せの数は

$$_{7}C_{4} = \frac{7!}{(4! \times 3!)} = \frac{7 \times 6 \times 5 \times 4}{4 \times 3 \times 2 \times 1} = 35$$

囲２－４　組合わせの公式

〔閑話休題〕

本屋にずらりと並んだ本の中で、生物統計学者の西内啓先生が著した『統計学が最強の学問である』に出会った。なぜ最強かというと、「統計学はどんな分野の議論においても、データを集めて分析することで最速で最善の答えを出すことができる」と言っておられる。また真実を語るのは統計学だけであると言っている。例えば、電線を２０ｃｍに切断する作業で、出てくる単位体の全てが２０ｃｍにはならないのである。正確には２０ｃｍを中心としてその近傍にばらついて出現するのである。

そして、さらに先生は「あみだくじ」の必勝法、ＩＴと統計学の素晴らしき結婚、６０億円儲かる裏技、われわれの常識を変える学問などなど、と実に目から鱗であった。またサンプリングが情報コストを激減させるとして、１％の精度の向上に数千万円をかけるべきかの論法は、本書の上梓に珠玉の存在であった。またアメリカから輸入したＱＣも、この統計的な考え方がなければ、今日の隆盛も存在していない。

（３）確率と確率分布

確率（Probability）とは、ことがら（事象）の起きる確からしさや頻度を数量的に表したものとされている。例えば6面体のサイコロを投げた時1～6の目の出る確率を各々１／６で表すことにしている。同じく20面体のサイコロでは１／２０が各々の目の出る確率と定義している。

(i)　ここで惑わされるのが１／６なる数字である。一般人の常識では、１／6は6等分した物の量又は１／6＝０・１６６６６……のように1を6で除した実数を表すものとしている。ところが確率論ではこの１／6の意味するところは、独立した目の出る確率といい、6回投げて1回は出現する可能性が高いということである。6面体のサイコロを１０回投げても1の目が出ないことも有り得るし、3回目で1の目が出ることもあることをよく理解しておかなくてはならない。

(ii)　次に同じ形状の白玉5個と赤玉3個が入っている箱の中から同時に玉3個を取り出すとき、3個とも赤玉になる確率を求めると囲２－５のとおりである。

(iii) 次は統計的確率の求め方の例である。
表２－１は男子の生存者を示した統計的データである。
これは０歳で生まれた男子が１５歳、２０歳、５０歳、７０歳まで生き残れる人数である。
（ア）０歳の男子が２０歳まで生存する確率
（イ）２０歳の男子が３０年間に死亡する確率
を求めると、囲２－６のとおりである。

解：確率の計算は起こり得る全ての場合の数で、指定された事象の起こる数を除すことによって求められる。

確率＝ある事象の起こる数／根元事象の数（起こり得る全ての場合の数）

〈例題〉

箱の中には白玉５個と赤玉３個の全部で８個の玉がある。その箱の中から３個を取り出す場合の数は、８個から３個を取り出す組み合わせの数から $_8C_3$ となる。また３個全部が赤玉である場合の数は５個から３個を取り出す組み合わせの数であるから $_5C_3$ となる。故にその計算式は次の通りである。

確率＝全部赤玉である場合の数／根元事象の数
＝ $_5C_3$ ／ $_8C_3$
＝10／56 …→56回のうち10回
＝18／100 …→100回のうち18回
＝２／11 …→11回のうち２回
出現率
＝0.1818……

囲２－５　確率の計算例

年齢	生存者数
0	100,000
１５	94,000
２０	91,000
５０	72,000
７０	57,000

表２－１

（ア）の解は、表から０歳で100,000人いた人が、20歳で91,000人生存しているので、20歳の生存率は

生存率＝91,000／100,000
＝91／100
≒0.91

（イ）の解は20歳の生存者は91,000人で50歳の生存者が72,000人であることは、前者－後者が30年後の死者の数になるから、よって

死亡率＝（91,000－72,000）／91,0000
＝21／100
≒0.21

囲２－６　(iii)－(ア)と(イ)の回答

以上(i)、(ii)で求めた確率および(iii)で求めた生存率、死亡率は次項で解説する「期待値（平均値）」であって、その左右に分布する確率特性の中央値を示しているだけである。すなわち(i)の6回に1回、(ii)の１８％の出現、(iii)の生存者が１００、０００人中に９１％、死亡者が９１、０００中に２１％いるという固定的な数値ではないということである。

２０１１年の福島第1原発事故を経験して時の某総理大臣が、「Ｍ８程度の東海地震が今後３０年間に発生する確率が８７％である」という一地震学者の提言をつぶさに信じて、中部電力浜岡原発を停止させたのは、統計的無智な早とちりの愚行としか言いようがない。地震学者の提言は個人の見解であって、正解とは限らないからである。「閑話休題」

次に確率分布であるが、二項定理から展開する二項分布。一定時間内または一定期間内に発生する電話呼や交通事故に適用するポアソン分布。データの平均値と標準偏差を指定すると、一義的に表現できる正規分布。などいろいろな型がある。それぞれ数式で理解するのは相当に面倒であるので、ここでは省略するが、これからの説明する項で必要の都度解説することにする。

(4) 基本統計量（平均値、標準偏差）の公式

以下に分布に関する基本的な数値とその算出方法を示したが、ＷＱＣを理解し実行するためには、あんまり難しく考える必要はない。現在ではコンピューター（ＰＣ）、あるいは気のきいたハンディー計算器（電卓）にデータを投入すれば、基本統計量（平均値と標準偏差）は即座に算出できる。それを色々な管理に如何に活用していくかを考えればよい。

データの分布は度数分布図や分布表またはヒストグラムで表しても大体の姿は判るが、これを数量的にあらわすと論述や説明にいろいろ便利なことが多い。

(i) 分布の位置をあらわす平均値 （$\bar{x}$）（囲２－７）

分布の位置は通常算術平均値（エックスバー：$\bar{x}$）あるいは中央値（メジアン median：$\tilde{x}$）が用いられる。

(ii) 標準偏差 （σ）

標準偏差はデータのバラツキをあらわす数値でσ（シグマ）であらわす。標準偏差（σ）に到達する前に

平均値は$\bar{\chi}$（エックスバー）であらわし、データが8.8, 8.7, 8.4, 8.2, 8.3の５個の場合

$$\bar{\chi} = 1/5\ (8.8+8.7+8.4+8.2+8.3) = 8.48$$

一般式は

$$\bar{\chi} = 1/n\ (X_1 + X_2 + X_3 + X_4 + \cdots\cdots\cdots\cdots + X_n) = 1/n\ \Sigma xn$$

ただし$\Sigma xn = (X_1 + X_2 + X_3 + X_4 + \cdots\cdots\cdots\cdots + X_n)$

＝データの合計数

中央値$\tilde{\chi}$（エックスメジアン）はデータの大きさの順に並べたとき、其の中央番目の値を言う。

囲２－７　平均値の計算例

（ａ）偏差２乗和　S（偏差平方和 sum of square）：偏差とはｎ個のデータと其の平均値との差をいい、計算上すべてを正数にするためにその２乗の和を偏差２乗和という。ただしXnはデータの数値であり、Σはその合計である。

$$S = (X_1 - \bar{\chi})^2 + (X_2 - \bar{\chi})^2 + (X_3 - \bar{\chi})^2 + (X_4 - \bar{\chi})^2$$
$$\cdots\cdots\cdots (X_n - \bar{\chi})^2$$
$$= \Sigma\ (X_n - \chi)^2$$

（ｂ）分散　s（variance）：（ａ）の偏差二乗和をデータ数ｎで割ったもの

$$s = S / n$$

（ｃ）標準偏差　s または σ（standard deviation）：（ｂ）の分散の平方根

$$\sigma = \sqrt{s} = \sqrt{S/n}$$

囲２－８　偏差、２乗和、分散、標準偏差の計算例

囲２－８のような計算操作がある。

　ここで標準偏差（σ）の意味するところを若干説明しておくと、図２－３の如くA、B、C、の確率分布曲線式（平均値、中央値、モード：注）はほぼ同じ形であるが、分布特性の違いを表現する場合、σa、σb、σc、を数値化して説明できれば都合がよい。すなわち製品同士の填め合わせの誤差などを議論する場合、特性値Aはバラツキが小さく製品として合格であり、逆に特性値BとCはバラツキが大きく使い物にならないと判断できる。

　これがとりもなおさず平均値からの偏差を示す標準偏差（σ）にほかならないのである。ＷＱＣを活用するための重要な要素となるが、ここではこれ以上の説明は省略する。

注：モードとは、データ値が最も集まったところ

（５）データの種類

　物質界の測定値には、計量的なものと、計数的なものの2種類がある。たとえば、板の厚さ（mm）、重さ（g）、含有率（%）、強度（kg／c㎡）、あるいは作業時間（h）のような測定値は、連続的な値である。この様に連続的な値をとり得る測定値を計量値（variable）という。

　これに対して、たとえばボルト１００本中不良品が３本あるとか、１枚の布にキズが５箇所あ

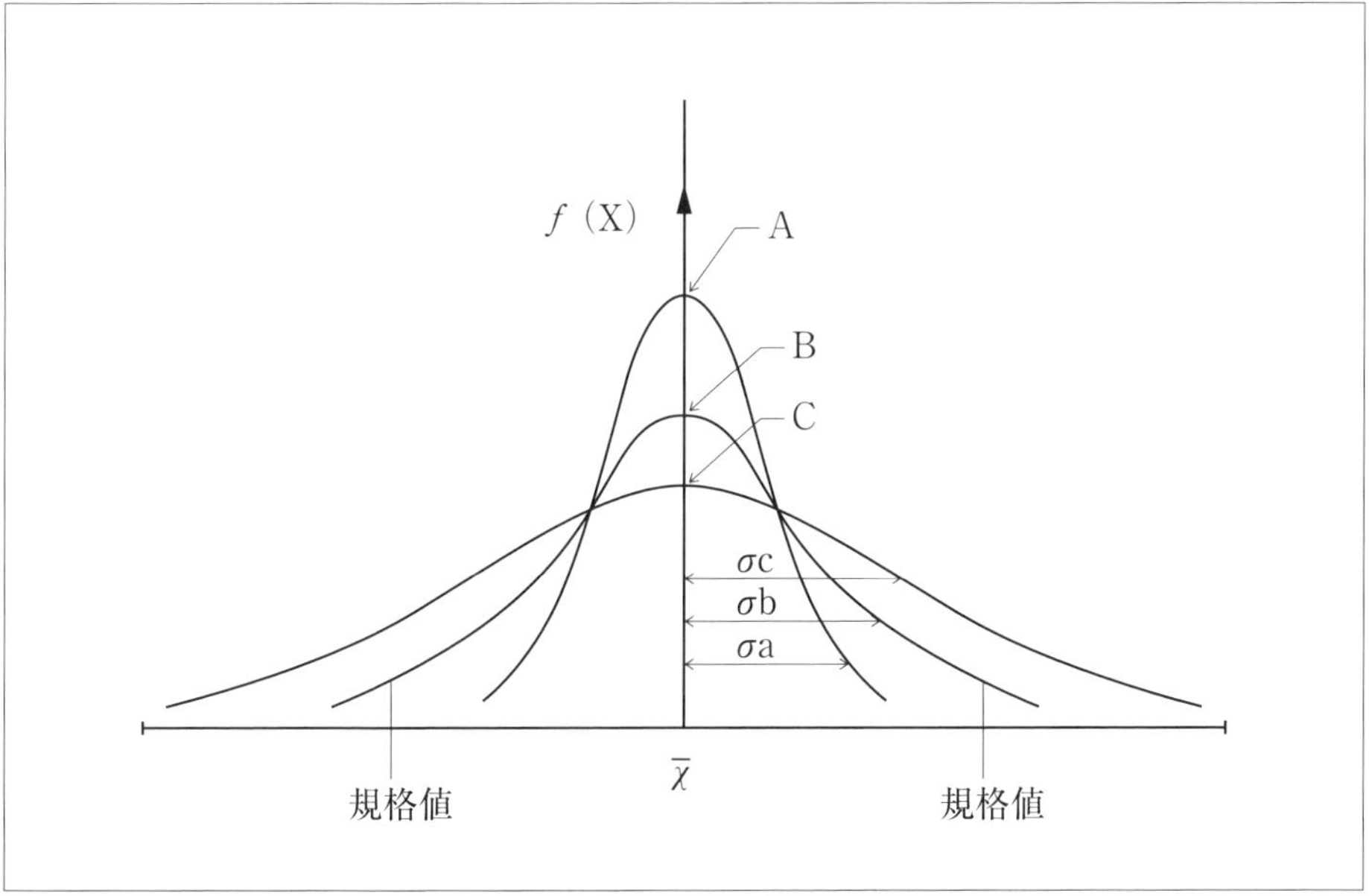

図２－３　σa, σb, σc の意味するところ

るとか、あるいは1ヶ月に事故が何件発生した、と言うような数値がある。この数値には小数点以下の端数がないので、不連続（これを離散的とも言う）な数値で、これを計数値（attribute）という。またボルト200本の中に3本の不良品が含まれる場合、不良率1・5％という数値は、小数点以下の端数であっても、3本という離散数値によって固定されるので、計数値に分類される。

計量値と計数値とでは、統計的な性質も異なっており、用いる統計的手法も管理図も異なった形を採る場合が多い。分布図においても計量値では当然連続分布となり、計数値では不連続分布となる。

（6）データの分布

切断した200本の鉄棒の長さを測定して得た200個のデータを（例題として架空の測定値である）、6・65mm～6・95mm、6・95mm～7・25mm、7・25mm～7・55mmというように0・3mm幅ずつの級（cell）に分けて、其の中に入るデータの数を、集計して表に示すと表2－2のようになる。これを度数分布表（frequency distribution table）という。（QC七つ道具の一つである）

級（mm）	度　数	計
6.65～6.95	/	1
6.95～7.25	///	3
7.25～7.55	卌 卌 卌 卌	20
7.55～7.85	卌 卌 卌 卌 卌 卌 卌 卌 ////	44
7.85～8.15	卌 卌 卌 卌 卌 卌 卌 卌 卌 卌 卌 卌 ////	64
8.15～8.45	卌 卌 卌 卌 卌 卌 卌 卌 卌 /	46
8.75～9.05	卌 卌 卌 ///	18
9.05～9.35	//	2
9.35～9.65	//	2

表2－2　度数分布表の例

このように度数分布表で表すと、鉄棒の長さが分布している様子〈分布の姿〉がはっきり分かる。一般的には、データを100以上集めて、これを10～20くらいの級にわけて度数分布表を書くと、大体の分布の姿を知ることができる。さらにこれをヒストグラム（柱状図：histogram）で表すと図2－4のように分布の姿がはっきりしてくる。（これもQC七つ道具の一つである）

この図で表せる切断工場の工程から作られるものは、どんな母集団であろうか。これにはこのような測定を無限に繰り返したときの分布を想定すればよい。実際問題として測定を無限に繰り返すことは不可能であるが、少なくとも測定を2

倍にし、級を半分にして同様に度数分布表とヒストグラムを描けば、さらに連続特性に近くなることが想定される。すなわち２００本のデータから前（４）項の公式で計算して平均値と標準偏差を求めればＮ（$\bar{x}$，σ）の正規分布となることが想定できる。

たとえば図２－５のような連続した曲線で示される分布特性が考えられる。すなわちこの圧延工場の工程で作られる全ての鉄板の厚さ（母集団）は、このように分布しているものと考えられる。この特性は後述（３－１）する工程管理（管理図）に重要な用件を満たすことになるので、よく理解しておいていただきたい。

（7）正規分布の特性

正規分布（normal distribution）は平均値と標準偏差（または分散）の二つの数値を与えれば決まってくる分布特性で、この分布をＮ〈μ・σ〉で表すことがある。この分布特性は人工的に作った理論分布で、確率密度関数と累積分布関数は次の式で表される。

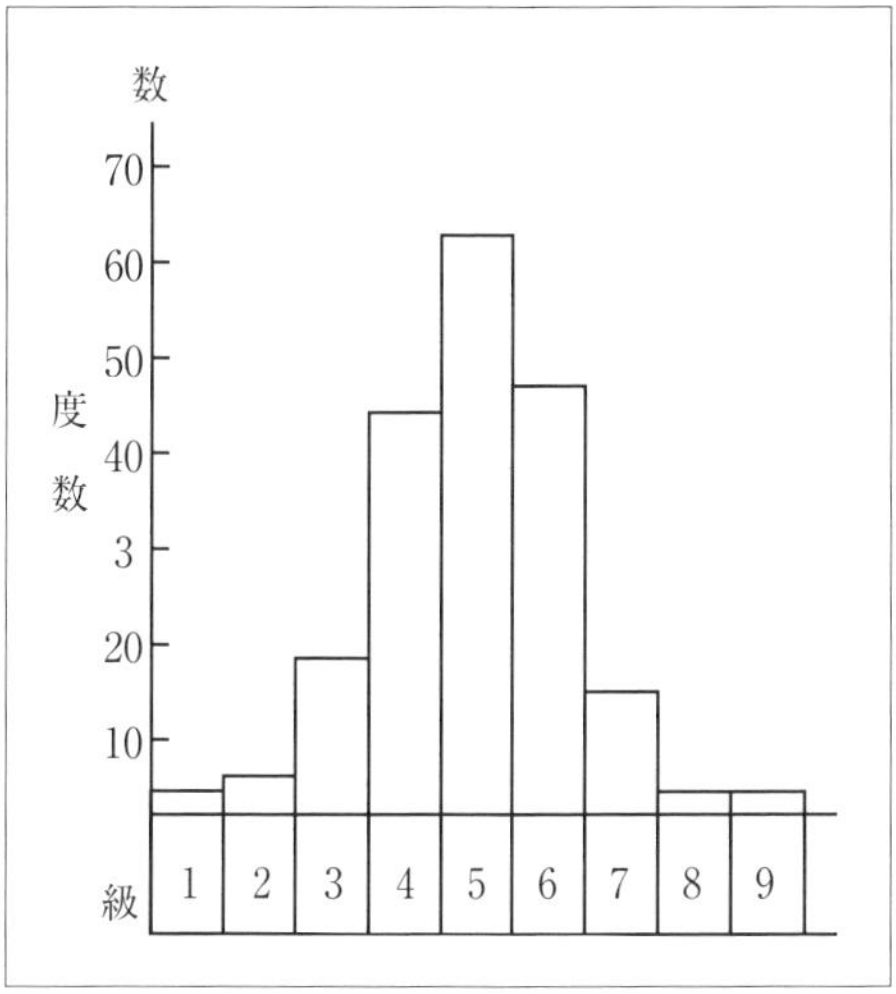

図２－４　ヒストグラムの例

確率密度関数

$f(x) = 1/\sqrt{2}\pi\,\sigma \cdot e$

累積分布関数

$F(x) = \int 1/\sqrt{2}\pi\,\sigma \cdot e$

ここでｅ：自然対数の底

π：円周率

μ：平均値

σ：標準偏差

ここで∫は積分記号（インテグラル）である。

囲２－９　正規分布の関数式

この正規分布は、測定誤差、工作物の精度、不良品の出現率やお米の収穫量など、いろいろな社会事象に関する分布に類似できるので、WQCを進める上でも非常に役立つ特性である。

(i) 3σ管理

正規分布の累積分布関数は曲線で囲まれた部分の面積を求める式であるので、この式から求める図形は、図2－5ごとく平均値 μからχを±2σ巾を単位にプロットしてみると、その曲線で囲まれたpbdcの面積で求めることができる。また、同±4σ（epghf）及び±6σ（ip.j）の面積は右上の表のように求められる。この面積率の意味するところは、2σの囲は全体の

σの値	全体の面積率（%）
2 σ	面積 apbdca　68.3
4 σ	面積 epghf　95.4
6 σ	面積 ji　99.7

σ巾の全体に対する面積率

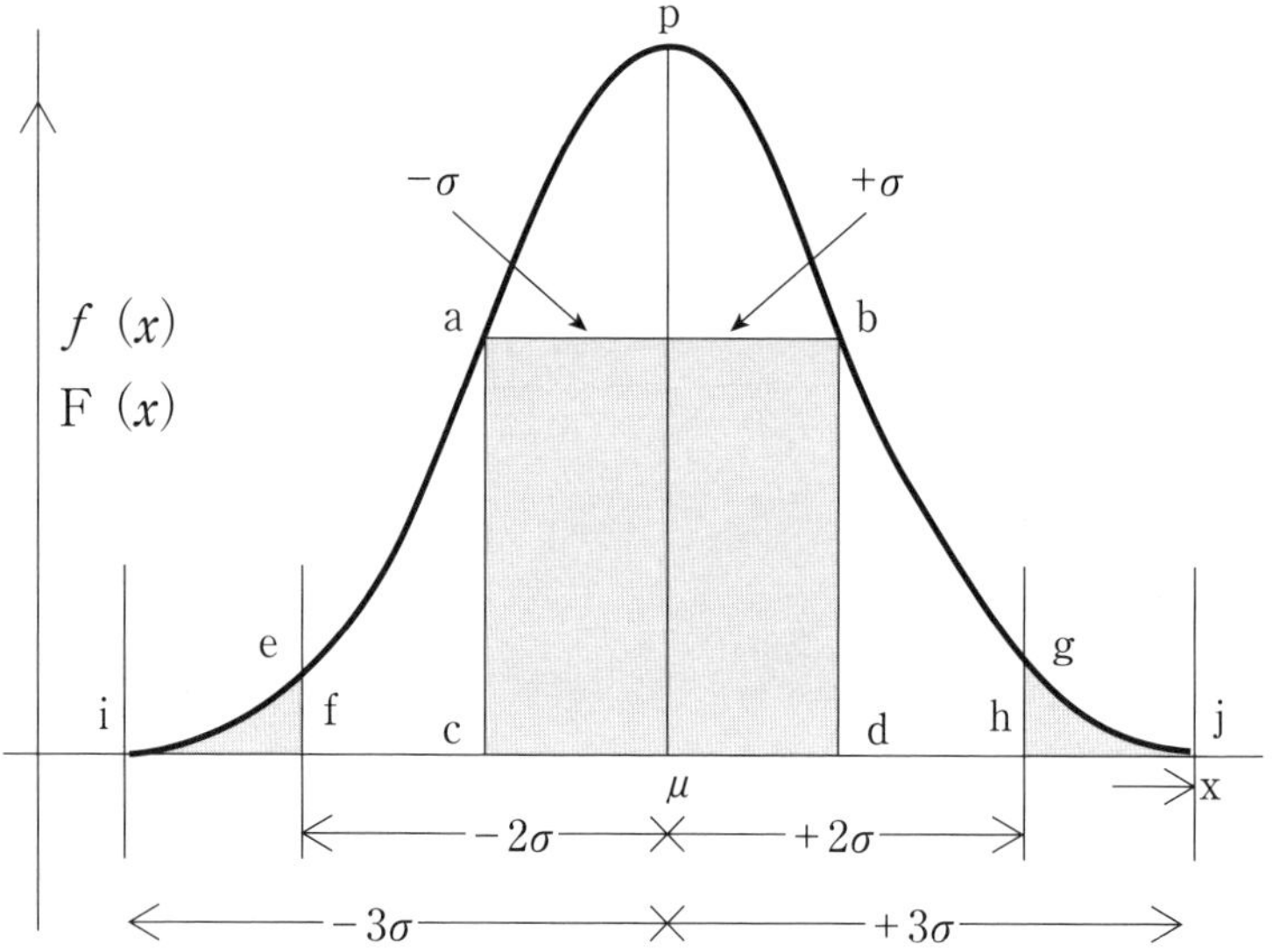

図2－5　工程の分布特性

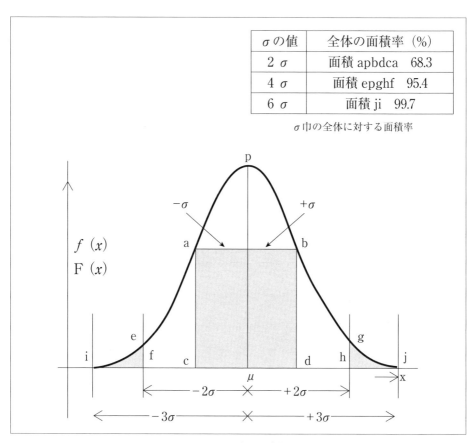

６８·３％が生起する確率を示し、同じく４σは９５·４％、６σは９９・７％が生起する確率である。逆に言えば６σからはみ出る生起確率は０・３％であることを示す。すなわち分布の片側３σより外に出る確率は１０００に３つ以下であるので、殆ど平常では生起しないものとして、管理図の限界値や工程異常の判断基準にするための非常に有効な数値である。

(ii)　母集団とサンプル数の関係

第４章サンプル調査で詳しく説明するが、正規分布Ｎ（μ・σ）の母集団からランダムにサンプルしたｎ個の分布もおおむね母集団と同じく正規分布（μ・σ）することがわかっている。

そこでサンプルの大小による標準偏差の変化量を表すと$\sigma_n = \sigma / \sqrt{n}$の関係にあるといわれている。このことはサンプルを多くとってもその効果は比例するのではなく平方根にしか影響しないということである。

２－２　統計的手法の基礎

(1)　統計学の特技と裏技

数ある統計関係の書物には「人生成功の統計学」「統計学が最強の学問」あるいは「統計学は最善最速の答えを出す」などと触れ込まれている。私はＱＣになじむまでは馬耳東風にしてあまり関心を持たなかったが、ＱＣ関係の仕事にはまると、これらの意味するところの深奥が見えてきて、統計的手法なくしてＱＣの存続すらできないことがよく理解できた。

①統計学は真実を示し、最善最速の答えを出す

統計学とは不確実なデータ条件の下で行動を決定するための学問である。

どんな分野の議論でもデータを集めて分析することで、最善の答えを出すことが可能である。たとえば各報道機関の選挙に関する投票所出口調査の結果を見てみよう。本来ならば翌日まで待って、おおかたの開票が終わらないと分からない当確が、開票率数％でＴＶで発表される。そして、それはほとんど間違いはない。

②統計学は発見の学問である

放射能が人体に与える影響度や新薬開発の効能及び研究開発分野の応用など。

③統計学は意志決定の学問である

販促会議で、あれこれ議論するよりも、数あるデータを分類分析（統計処理）した結果のほうが意思決定が早い。

④統計学は問題解決の学問である

正にWQCそのものである。本著書を参考に熟読吟味して、身近な業務管理に、おおいに活用していただきたい。

以上のごとく研究開発や混沌とした社会事象（特にいじめによる小・中・高生徒の自死問題）の調査研究者にとって統計学は「問題を整理し最善最速の答えを出す」学問であるとすれば、QCの分野にとっては「問題解決と工程改善」の最大の武器といえようか。

QCを理解することによって、コンピューターネットワークシステムの設計や、通信工学のトラヒック理論から発展するOR（オペレーション・リサーチ）に至る、確率論を中心とした数学的に難解な公式も理解できるようになり、生きた統計学を身につけ活用範囲が広がり、統計学の真価が分かってくるのである。

真に「統計学は最強の学問である」のとおり、ここでは主としてWQCという面から見た統計的な考え方を述べる。

（2）データをとる目的　→　答えの発見

よく見受けられることであるが、採った膨大なデータの中に埋没し、ただただ眺めているか、ファイルに収録しているだけの場合が多い。われわれはデータを採る以上、必ず目的があるはずであるから、そのデータを眺め透かし処理を施し、目的とする何らかの行動が取れるものでなければならない。言い換えれば、使わないデータは採らない。労力の無駄になってしまうからである。

データには計測値のような数値データと、市場調査のような文言データ（文書形式）とがあるが、後者についてては数値に置き換える処理をしないと統計に用いることはできない。（数値化は後述する）

通常データを採る目的は次の何れかである。

(a) 解析用：現状の分析確認、意識調査、市場調査、工程チェック、各種改善など
(b) 検査用：製品検査、仕事の出来栄え検査・品質保証など

目的のはっきりしないデータは採らない。データは記録に残すために採るのではなく、それを使って必要な対策や行動をとるためであると先に述べた。したがってデータを採る前に目的を十分に検討して、それに合うデータを採る。この認識が統計的考え方の第一歩であるとともに、この認識一つでデータの採り方がすっかり変わってくるものである。日常注意しなければならないのは、データを必要以上に、あるいは気休め的に採りすぎることであり、したがって職場長はなるべくデータの量を減らすことを考えると良い。

近代的な統計学では、常に行動をとることを前提にデータを見ているので、先にも述べたように行動の学問とか発見の学問とも言われている。

(3) データ→母集団→サンプル（標本）

(i) 全数チェックの非合理性

人でも物でも、ある集団（グループ）の情報を得るには、この集団のデータを全部調べることを先ず考えるのが一般的な常識である。たしかにこの集団（統計的には母集団という）の構成数が１０個の場合は当然全数調査の方が有利だとわかる。しかし、その数が１００個とか１０００個あるいはそれ以上になると、全数を調べる気になるであろうか。

ＱＣの世界では全数チェックは例外的で、ある法則によって抜き取った対象（サンプル）を分析することによって、母集団の特性を知ることが可能であるとしている。サンプルの特性は母集団の特性に近似することが統計的に証明されている。

母集団を全数チェックしなければならない場合は、工程（作業ないし製造）が安定していない最初（初期情報のない）の母集団とか、僅かな欠陥を見逃すことによって、致命的重大事故に発展する恐れのある場合に限定している。ＱＣでは原則的に抜き取りチェックで十分役割を果たせるものとしている。なんとなれば母集団を全数調査しても検査ミスや、測定誤差などを考慮すると、母集団の真の情報を得たことにならないからである。

例えば広い山の木の数を調べる仕事を考えてみよう。カウンターを使って二人一組、十組に広い山を歩か

せ調査をさせたとする。結果は絶対に同じ数値は出ないのである。同じ結果が出るほうがむしろ稀で、ある程度の誤差が生じることを考慮しておかなければならない。これと同様に製造工程の最終段階で、全数チェックを受けた製品でも、全て良品である保証はないのである。

設備の保全活動において機器の定期試験や点検は、通常全数について実施することになっているが、若し当該設備群の中に潜在している故障箇所を発見するだけであるならば、実に効率の悪い稼働と言わざるを得ない。さらに、この定期試験の対象設備群が今どの様な状態にあるのか、という情報を得る為のものであるならば、もっと効率的で統計的な別の方法を採用したほうが得策である。

(ii)　サンプリングの効用

ある製品の製造工程を例として考えてみよう。この工程は規格に合った製品を作る目的で設定してあるのだから、産出される製品は全て良品のはずである。ところが最終工程で全数検査をして出荷しないと、自信が持てない企業のなんと多いことか。ＱＣに長けた企業はそんな無駄なことはしないのである。

たとえば電線や織物製品のような無限母集団では、最終工程の全数検査は不可能なので、サンプル調査で品質を保証している。この差は製造工程が安定しているかどうかである。

製造工程が如何に安定してきても、ある程度の不良は出るものである。不良率を0にすることは不可能であるが、限りなく0に近づけることは可能である。不良率を下げ、工程を安定させるためには、工程で働く設備や人の動作の良し悪しを調べる必要がある。これを代替しているのが工程チェックで、要所々々の中間工程から出て来る製品の不良事項を調べれば、工程の安定度が推定できる。これを代替特性という。

工程の安定度を測るには、統計的サンプル調査で十分可能であり、これがＱＣの考え方である。全数検査は選別検査となって工程の安定化には役立たないとされている。ここでは詳しい説明はしないが、ＱＣの考え方を習得することによって十分理解できてくると思う。

製造業以外の工程とサンプリングによる品質評価については後述する（第４章）。

(iii)　母集団とサンプルの関係

次の(a)と(b)の例示で母集団というものを理解してもらいたい。

(a)同じ条件で生成される固体は、ぜんぶ同じであるからその一つを調べれば、全体の特性が判るはずである。

(b)実験を行ってデータを採る目的は、個々のデータに意味があるのではなく、データの集団から真の値を推定することにある。

(a)の例では、同じ条件で生成される固体の集合を「母集団（Population）」という。(b)の例では同じ実験で得た複数データの集合を同じく「母集団」という。

統計的処理とは、母集団の特性や真値を知るためにサンプリングするのである。母集団、サンプル、データの関係を示すと図２－６のとおりである。

これらの集団では無限母集団と有限母集団に大別される。前者は量産型製造工程の対象物で、後者は時間や日にちで区切られた物や有限対象物をいう。また有限母集団のことをロット（Ｌｏｔ）ともいうが、詳しくは後述（４－１）する。

製品の工程管理とは、流れている製品の一部をサンプリングして特性を測定し、母集団である現在の工程がうまく作動しているかどうかを判定し、悪い製品が出る前に措置して、常に正常な状態にしておこうとすることである。

保全活動における通信設備はほとんど有限母集団と考えてよい。工程とはサービスに供している設備の状態そ

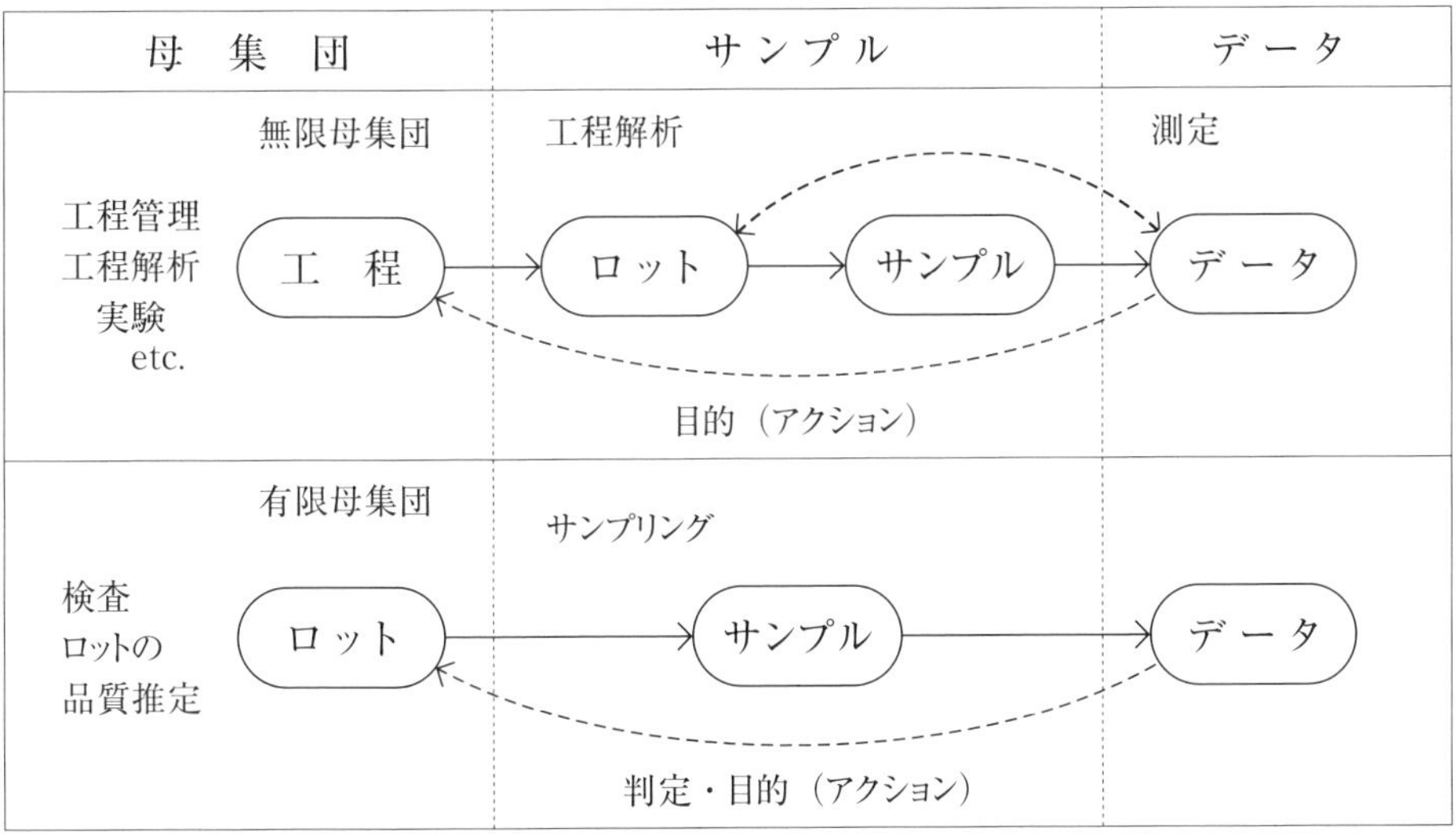

図２－６　母集団とサンプルとデータとの関係

のもの。たとえば類似のスイッチ群や回線設備群および電柱やケーブル群など。これらのロットや管理単位の決め方は、いろいろ工夫する必要がある。また定期試験点検は、単なる故障を発見するだけでなく、設備の劣化状態の判定に活用すべきものである。

（4）データはバラつく

一般的にデータがバラつくのは計測の仕方が悪いと思われがちであり、不良品が出るのも工程の設定が悪いからという無智な幹部もいる。ところがQCではデータは、バラツキや、ある程度の不良品事故等は出ることを前提にしていることに特徴がある。むしろバラツキのないデータは嘘のデータであると教えている。

たとえばある製品群から、サンプルを5個とって各重量を測定したら、20·3、20·1、19·9、20·0、20·2kgというようにばらつくのが通常である。われわれは普通このデータを平均して20·1kgであるとし、いわゆる平均値の世界で物事を処理することが多い。製品群全体の重量を平均値と全個数の積で表すことがあるが、この平均値だけで算出すると、とんでもない間違いを起こす場合がある。

QCでは、このバラツキを前提にロット（製品群全体）の品質や特性を、サンプリングによって推定(estimate)し、ロットの良否を判定するのである。さらに工程が良好に稼働しているか否かを判断（統計的には検定（test）という）

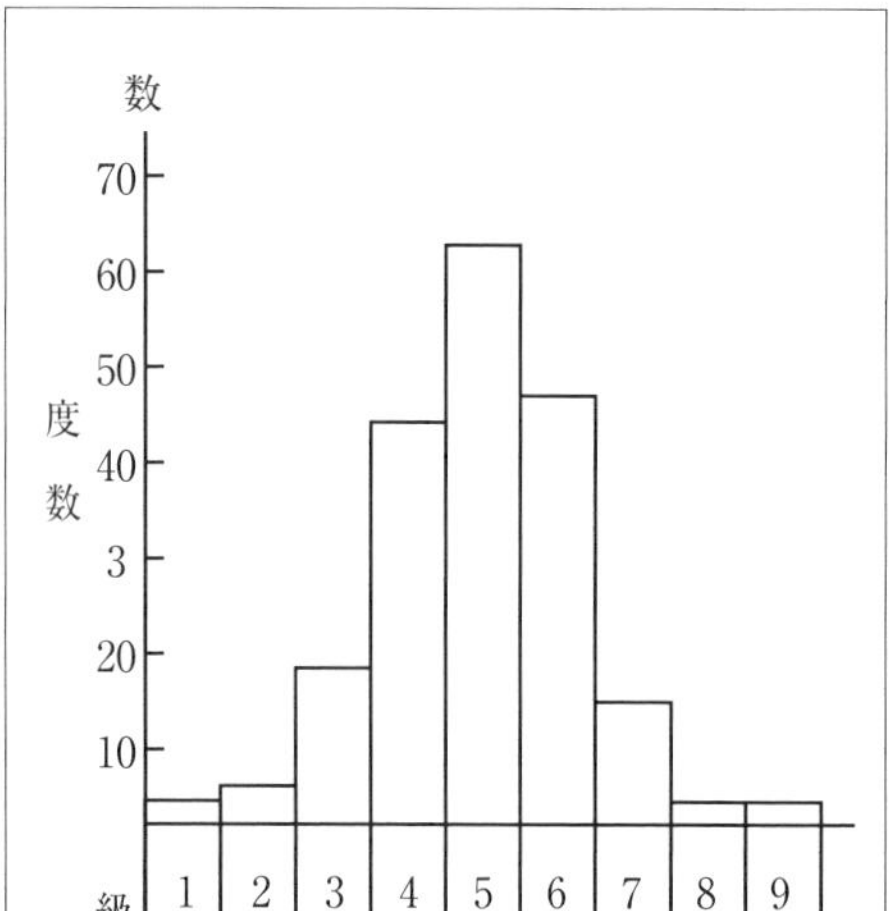

図2－4　ヒストグラム

級（mm）	度　数	計
6.65〜6.95	/	1
6.95〜7.25	///	3
7.25〜7.55	卌 卌 卌 卌	20
7.55〜7.85	卌 卌 卌 卌 卌 卌 卌 卌 ////	44
7.85〜8.15	卌 卌 卌 卌 卌 卌 卌 卌 卌 卌 卌 卌 ////	64
8.15〜8.45	卌 卌 卌 卌 卌 卌 卌 卌 卌 /	46
8.75〜9.05	卌 卌 卌 ///	18
9.05〜9.35	//	2
9.35〜9.65	//	2

表2－2　度数分布表の例

しようとするものである。

全ての仕事の出来栄えは、このバラツキの世界にあると見ていいのである。通信設備の故障率や劣化状況も当然この、バラツキの世界にあると言える。

(i) 分布のつかみ方

データがバラつくということは、このデータが分布を持っているということである。すなわち母集団も分布を持っているということでもある。

2－1項（5）で示した度数分布図、ヒストグラム及び工程の分布特性図をも含めて再度示すと表2－2、図2－4、図2－7となる。

表2－2は鉄線200本分の長さの度数分布（再掲）で、図2－4はそれのヒストグラム（再掲）である。この測定を無限に繰り返した場合の分布特性は図2－7の正規分布となることが想定される。

(ii) 分布の数量的解説

母集団の分布を知るには、サンプルの分布から推定できると前項で述べた。しかしこの場合のサンプルの採取は（これをサンプリング：samplingという）無作為（ランダム：random）でなければならない。無作為とは意図的に手を加えることなく、偶然に任せること、いわゆるランダム・サンプリングになるように注意しなければならない。ランダム・サンプリングを正確に実行するには乱数表（数字の出現確率が等しい数表）、乱数器（コンピューター出力）、乱数サイ（20面体のサイコロ）等を使用する。

たとえばリンゴを集積した母集団からサンプリングする場

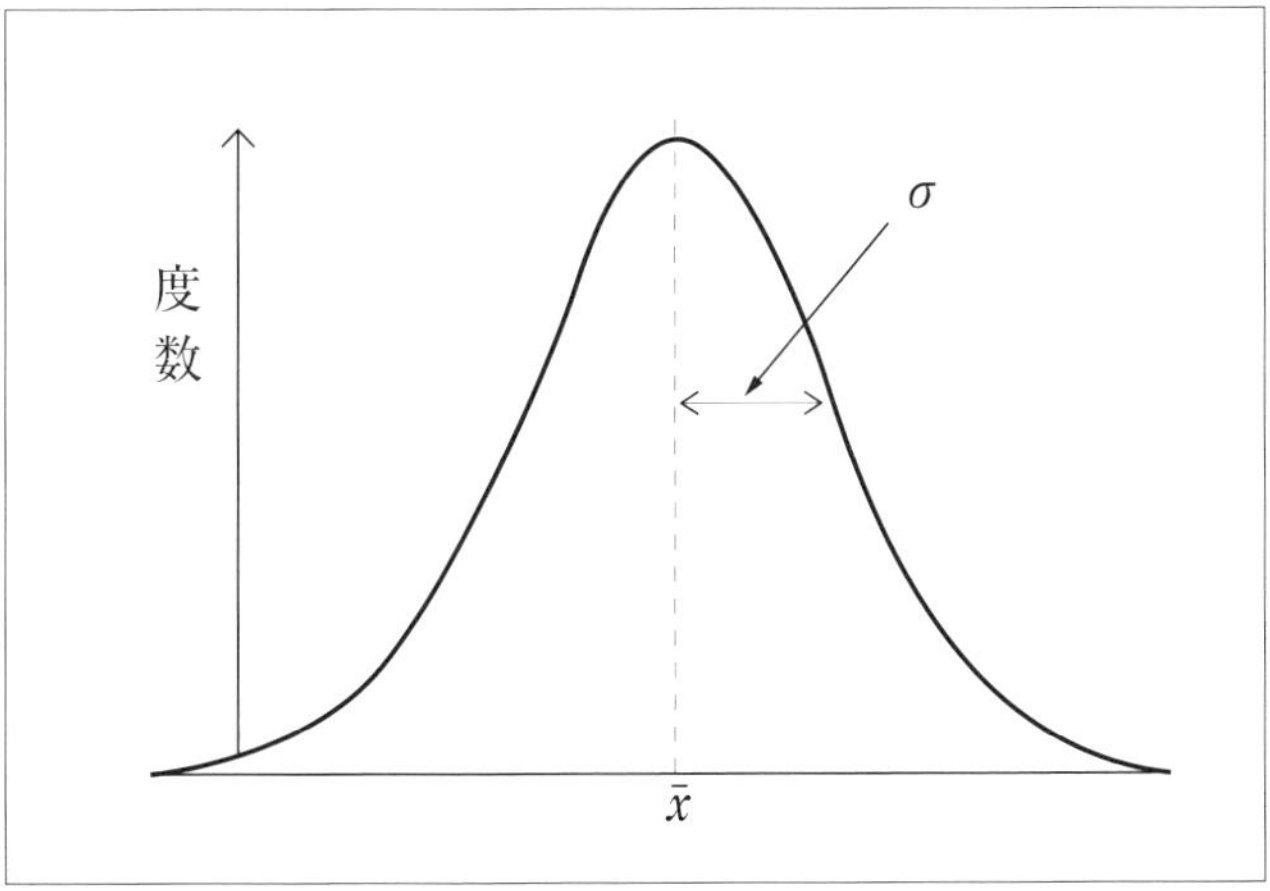

図2－7　長さの分布特性

合、売り手はよいものを選ぼうとするであろう。一方買い手は悪いものを選んで採りたがるであろう。これでは意思の入ったサンプリングとなり、母集団を代表するようなサンプルとは言えない。

そしてサンプルの平均値やバラツキの範囲、標準偏差など（これを統計量という）が、どのような値、どのような分布となるかは、統計学により判っているので、そのデータをこの統計量の分布法則により判断していこうというのである。統計量の意味合いは詳しく後述する。

さきに述べたように、良いところ悪いところを選んでサンプリングしたのではランダム・サンプリングにならない。ランダム・サンプリングを正しく実行するには難しい手続きを必要とするが、実際には工程の一定間隔毎にサンプルを採取、あるいは先のリンゴの場合は目隠しして一箇所に片寄らないように万遍に採るようにすれば、大体ランダム・サンプリングと見做すことができる。

このようにランダム・サンプリングは、統計的手法を用いて品質管理やその他の管理を実行して行く上において最も重要なことで、これが確実に行われていないと、あとでデータをいくら統計的に処理しても、間違った判断を下すことにもなりかねないので注意しなければならない。

(iii) 工程にバラツキをあたえる原因

工程のバラツキの原因は次の2種類に大別される。

(a) 偶発原因：最良に設定された作業標準通りやっている工程でも僅かながらバラツキが発生する。いわゆる工程能力に関係するもので、この能力の良し悪しでバラツキの大小が決まる。またこれを不可避的原因、または避けられない原因とも称している。

(b) 異常原因：工程に何か異常が起こっている原因。たとえばマシンの調整値が狂ったり、あるいは作業標準外のことが発生したり、またこれを守らなかった為に、特に大きなバラツキをあたえる場合である。これは原因を探索し再発防止に努力すれば、技術的に除去し得るもので、可避的な原因、突き止め得る原因、見逃せない原因とも称している。

工程を管理する責任者は、偶発原因によるバラツキと判断できる場合は、そのまま放置して良いが、異常原因によるものと判断した場合は、直ちにアクションを取らなければならない。

そこで重要な問題は、今の状態が偶発原因の範囲内か、異常原因が発生しているかを、何で判断するかである。それにはこれから説明するように、ランダム・サンプリングによって統計的に判断しようとするものである。過去の実験によって偶発原因によるバラツキは、大体一定の分布、通常は正規分布することが判っている。この原理を応用して、その工程からランダム・サンプリングしたものの特性が、所定の正規分布の管理限界値（ＣＬ）の範囲内にあれば、偶発原因の範囲と判断し、其の範囲を逸脱すると異常原因と判断する。前者を管理されたバラツキといい、この管理されたバラツキ内にある工程を管理状態または安定状態という（図２－８）。これに対して後者の状態は、異常に大きなバラツキを示していること、すなわち通常起こりえないことが起きていると判断する。この状態を管理されていない状態または不安定状態という（図２－９）。この状態を長く続けると、不良品の山を築きかねないので、可及的速やかに原因を除去し、安定状態に戻すことが肝要である。

このことは品質に限らず、工程の結果である歩留まり、コスト、在庫などについても同様に考えられる。また設備を管理する上でも、偶発故障領域と劣化故障領域の判断にも使えるはずである（詳細は後述する）。

われわれは、従来この２つの原因によるバラツキを直感的、経験的に判断して、工程を管理してきたのであるが、いまや新しい統計手法によるバラツキの世界に入って、これを客観的、経済的に識別し、工程の異常原因を放逐していこうとするものである。この識別に用いられ

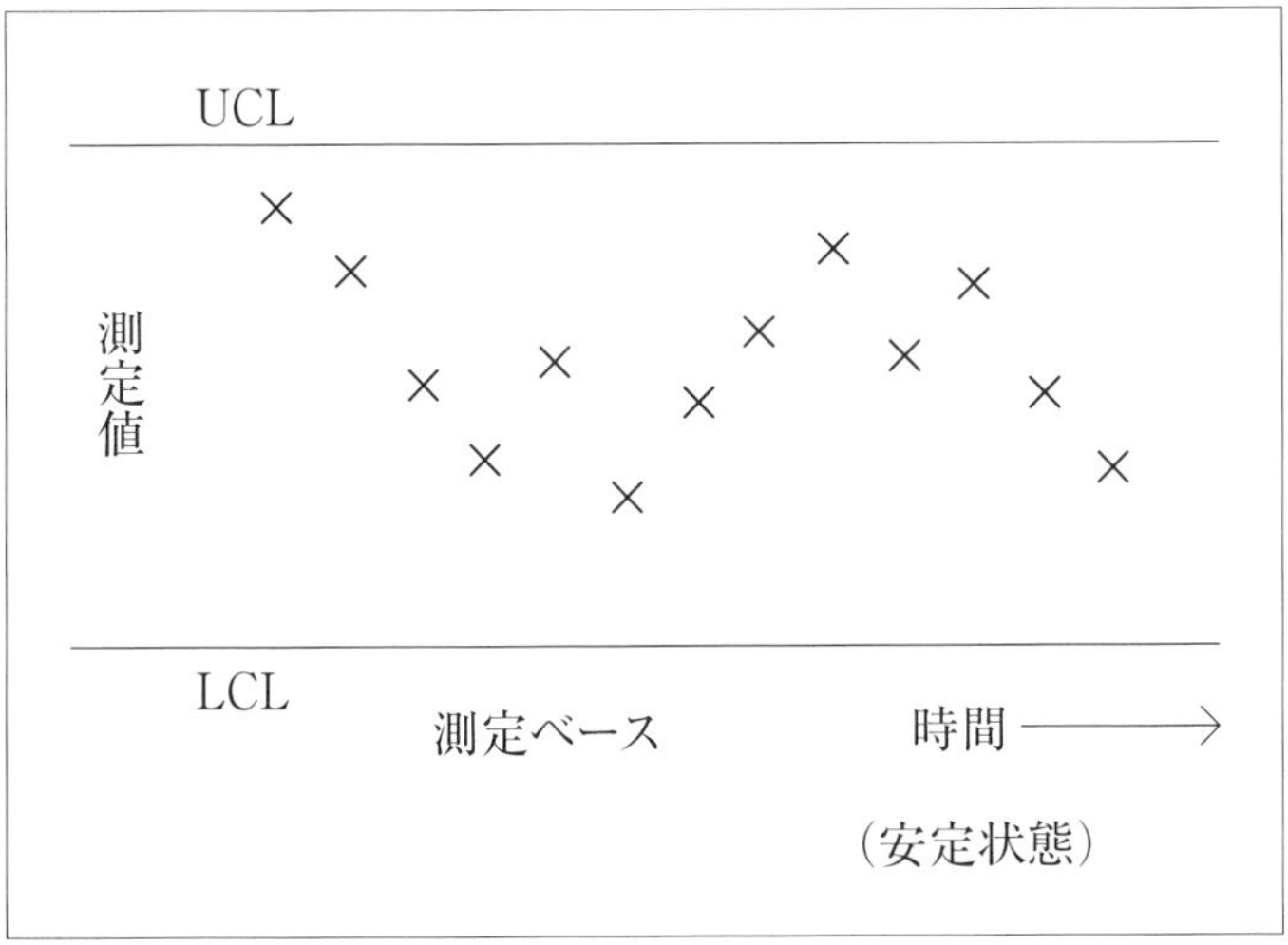

測定ベース（時間又は場所）
図２－８　管理図（安定状態）

るのが管理図の管理限界線である。図2－8と図2－9の上下各一対の直線（UCL、LCL）がこれに相当する。

管理図を活用していく上で大事なことは、この管理限界線を如何に合理的、経済的に設定するかである。下手に設定すると必要とする場面で必要なアクションが取れなくなってしまう。管理図の活用方法については詳しく後述する。

(iv)　統計的判断の過誤

データが分布をもっているとき、前(iii)項の2つのバラツキを統計的に判別し、これにより必要な行動をとることを述べた。ここではこの判別にあたり、2つの誤りの概念をもたなければならない。それは「第1種の誤り」と「第2種の誤り」の概念である。

第1種の誤りとは、サンプルの値が管理限界を僅かに超えたといって、作業や工程に異常がないのに、一生懸命に無駄な苦労をして原因を探す誤りで、「アワテモノ」の誤りともいう。また第2種の誤りとはサンプルの値が管理限界内にあっても、たまに作業や工程に異常が発生している場合があるのを見逃す誤りをいい、これを「ボンヤリモノ」の誤りといっている。

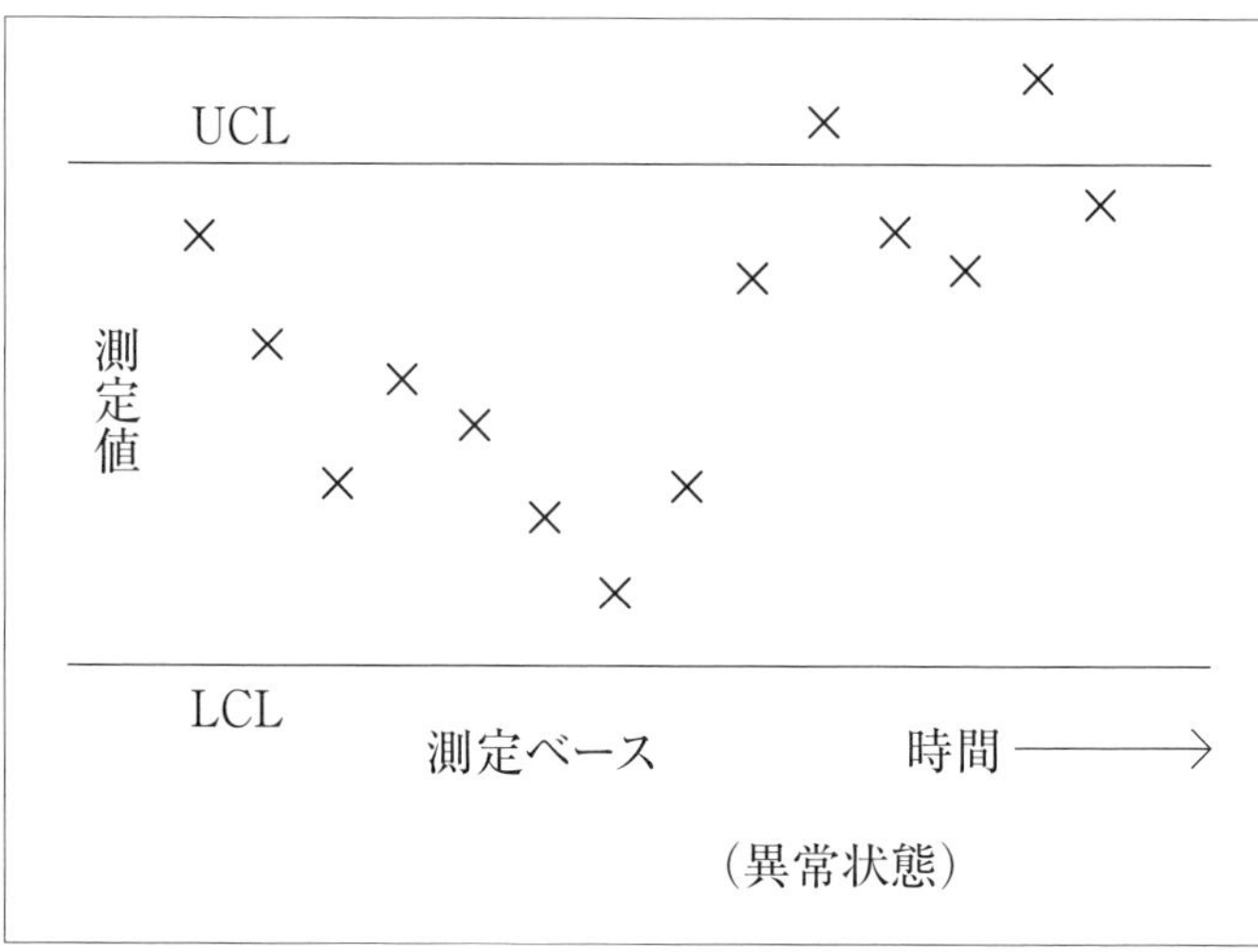

測定ベース（時間又は場所）
図2－9　管理図（異常状態）

われわれが通常の社会事象に接するときのバラツキの分布は、物の寸法を測ったときの測定値誤差の分布特性のごとく、おおむね図2－10のようなベル型をした分布―正規分布―をしていると考えてよい。

この様な分布を標準偏差σ（シグマ）で図のように区切っていくと、分布曲線に囲まれた面積の、分布全体の面積に対する割合がわかる。言い換えると、この面積はこの様な分布をもった母集団からランダム・サンプリングしたときに、分布の各部分のデータが得られる確率を示している。

図２－１０で明らかなように±１σ内の陰影部分のデータの占める確率は約６８％、これより外に出る確率は３２％になると計算されている。同様に、±３σより外にデータが飛び出す確率は０・３％すなわち３／１０００であり、生起が非常に稀なことを示す。こんな稀なことは通常は起りにくいであろうことから、±３σより外にデータが飛び出した時は、現在継続している作業や工程に異常が発生したと判断する場合がある。生起する確率が小さいからと言っても０を保証するものではないので、第1種と第2種の誤りを起こすのは統計上止むを得ないことではある。

さて、バラツキのある工程に対して、われわれが手を打とうとする場合を考えてみると、管理された分布の裾の方で、たとえば±３σより外にでたときに確率が小さいからといって、何か異常なバラツキを起こす原因が工程に起こっていると判断して行動を起こす。調査して原因を調べたが異常が無かった。これをいわゆる第１種の誤りと言い、生起する確率が小さいからと言っても０を保証するものではないからであ

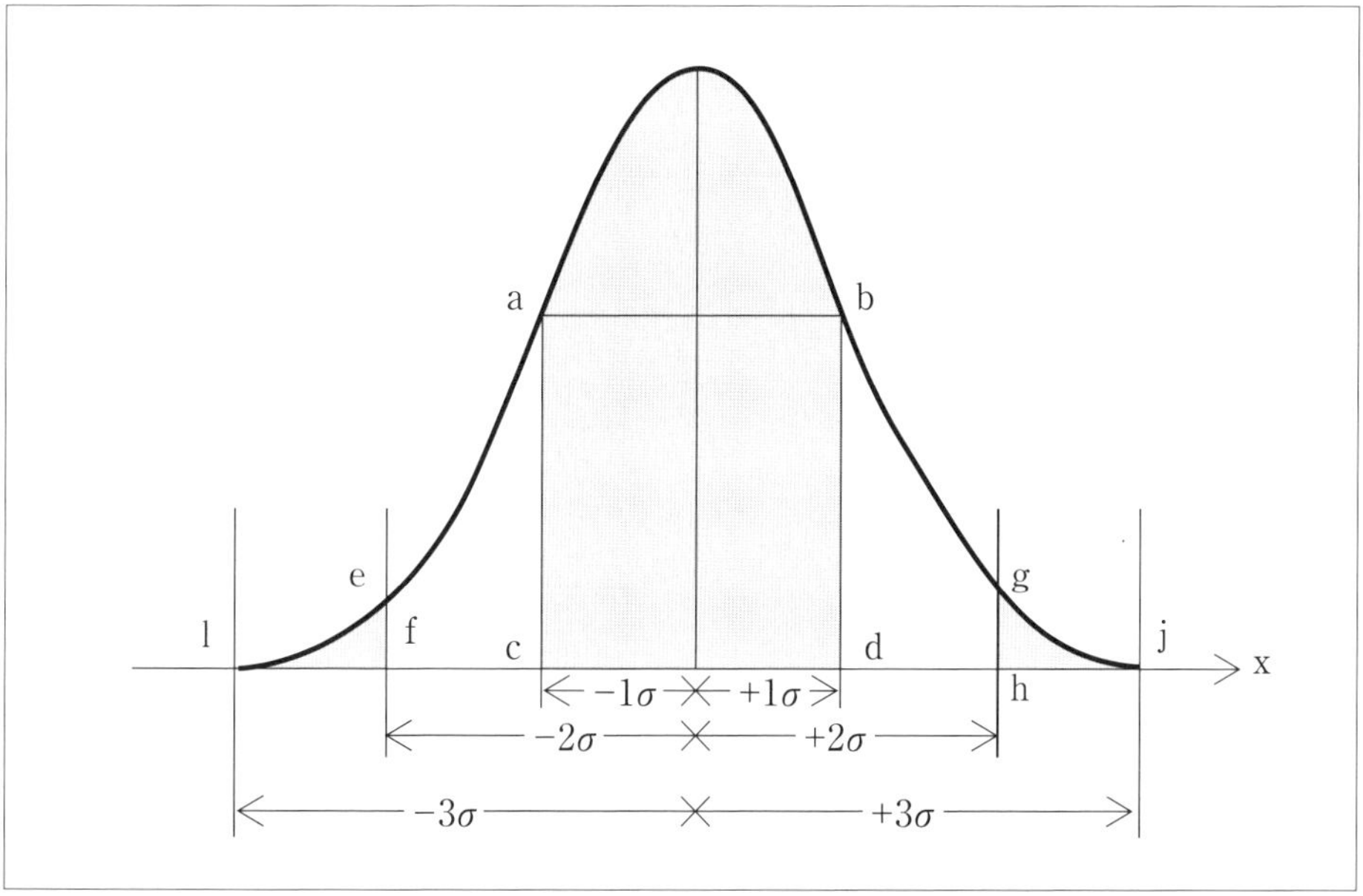

図２－10　正規分布の例

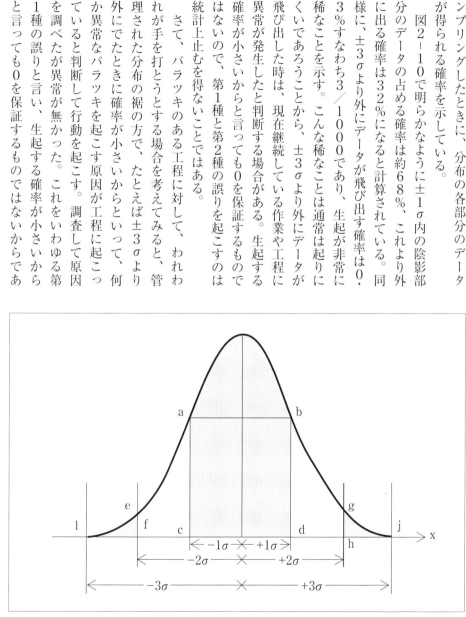

る。また逆に±3σ内で管理されたバラツキにあっても、異常が発生してデータが別の分布になっている場合がある。これを第2種の誤りと言う。

そこでこの2種類の誤りをなるべく少なくするように工夫する必要がある。詳しくは第3章、管理図の項で述べるが、一つだけのデータで判断せずに、連続した打点の傾向で判断する。たとえば連続してプラス側またはマイナス側に出る、あるいは限界値に近い値が連続している場合などでは注意してみるようにする。

(v) 母集団に対して行動をとる

以上のようにして、サンプルについてのデータにより判断したならば、原因の探索およびアクションは、当然ながら母集団に対して、行動をとることになる。新しい統計学は、行動の学問であるともいわれている。われわれはこの結論により、確実に行動をとって、はじめてデータを取った目的を達成することが出来るのである。

以上が統計的な考え方の概要であり、この様な考え方に基づいて生産管理や保全管理およびその他の管理に応用して、組織活動を合理化して効率性を追求していこうというのである。

2-3 管理する立場からの注意事項

製造工程や仕事の工程を管理するときの統計的な考え方には、次のような幾つかの注意点がある。

(1) データの信頼性

管理、検査、解析のいずれの場合でも、現場から嘘のデータや人為的に手を加えたデータが出てきたのでは話にならない。このようなデータで色々統計的に解析しても無意味である。むしろ統計的手法を用いる前に、現場から真のデータが出てくるようにすることが必要である。それには

(a) データには誤差等によるバラツキがあることを全員、特に上級管理者が認識すること。
(b) 権限を委譲したことについて上級管理者があまり細かいことを、うるさく言わないこと。
(c) 統計的推定、検定であることを考慮して、客観的に議論を進めること。

ＳＱＣが全社的にうまく行われるようになれば、嘘のデータはなくなり、真のデータがつかめるようになるばかりでなく、皆がザックバランに議論ができるようになる。

（２）過去のデータの記録とロットの層別

統計的考え方というのは、結果的にものを見て判断し、その原因を追究し、対処しようとするものである。たとえばある工程能力によって生産された結果である製品の品質や、設備の保全活動における故障の出かたなどの異常なバラツキを見て、工程に発生した異常な原因を探し出し、原因排除の行動を取るということである。したがって、結果であるデータやロットの歴史が正確に残っていれば、それを分析することによってより優れた管理が可能となる。詳細については後述するが、次の事柄が重要である。

(a)　ロットの概念を明確にして、区別すること。

(b)　ロットを層別すること。

(c)　サンプリングした人、測定・検定した人を明確にしておくこと。

特に「層別しなければＱＣは進まない」と言われる程にロットの層別が重要な鍵を握る場合が多い。

（３）管理された工程の推定方法

管理された工程とはどんなものであるかを知るには、その工程という母集団の分布を推定すればよい。それにはサンプリングしたデータが管理限界内にあればよい。工程が継続的に管理された状態を示していれば、そこから出てくる製品のバラツキも管理されているはずである。そして暫くこの管理された状態が継続できることも推定できる。これは、工程を管理していく上で非常に重要なことで、要するに良好な状態に工程が管理されていれば、検査（最終品質保証）をしなくても品質が保証でき、また製品の品質がどんなものであるかを安心して推定できる。

ＳＱＣでは、良い製品と判っていて検査するのは無駄な作業であるという考え方で、「品質は工程で作りこめ」という命題に到達するのである。逆に最終検査で全数検査によって品質を作り込まなければならない工程は、管理されているとは言わないのである。

ＷＱＣにおいてもこの考え方を応用できる範囲は広い。たとえば外注工事について過去の検査データが安定している業者は、工程が管理されているという推定に立って完成検査を省略することができることを示している。

2－4　度数分布の見方と使い方

われわれの周囲には非常に沢山のデータがある。このデータをただ表に並べるだけでは、何を表し意味しているか判然としない。これを処理して、表2－2や図2－4のような度数分布やヒストグラムで表すと、いろいろとデータの特性がわかってくる。この2つの図表はQCで非常に良く用いられるが、その主な目的は次のとおりである。

(a) 分布の状態を見やすくし、またその姿をつかむため。
(b) 工程能力をつかむため。
(c) 工程解析や管理のため。
(d) 分布の平均値や標準偏差などを求めるため。
(e) 分布が統計的にどの様な分布型に当てはまるかを検定するため。

特にQCでは、分布の姿、工程やロットの状況が、直感的に誰にでもわかりやすいので、(a)の目的でよく用いられる。

次に度数分布の見方としては、以下の点について留意すると良い。

(a) 分布の位置（平均値）は適当なところにあるか。
(b) 分布のバラツキはどうか。
(c) $\bar{x}\pm3\sigma$より外に出ているデータは無いか。
(d) 途中に歯のかけたようなところの有無。
(e) 離れ島のように飛び離れたデータは無いか。
(f) 分布の最大値や最小値はこれでよいか。
(g) 分布が左右対称か、または右か左にスソを引いていないか。

(h)分布の左右どちらかが絶壁になっていないか。
(i)分布の山が２つ以上表れていないか。
(j)分布の山が変にとがったり、平らすぎたりしないか。

以上のごとく標準的な分布以外に(d)～(j)のような分布の形が現れることがある。これの判断や措置については別の専門書を参考にされたい。

２－５　パレート図とパレート曲線

パレート図というのは一種の度数分布である。たとえば不良事項の手直しやクレームなどによる損害金額および含有率（パーセント）などを、その原因別ないしは状況別にデータをとり、図２－１１のような大きさの順に並べた図をいう。

図２－１１のように原因を大きさの順に並べ、さらに実線のようにつぎつぎ加えて曲線（累積曲線：パレート曲線）を描いてみると、不良項目や損失金額の中の最初の２～３項目（ａ、ｂ、ｃ）で、全体の７０～８０％以上をしめる場合が多い。これを優先的に撃滅すれば、不良項目等の大半は無くなって、不良率が非常に減少することがわかる。

工場や作業現場における問題点は、探せばいろいろと存在するのが普通である。不良事項、ロス、事故そしてクレームなどなど。さてこれらを改善するために、何処から手をつけるかを判断する場合このパレート図を使うと良い。一般的にその中の

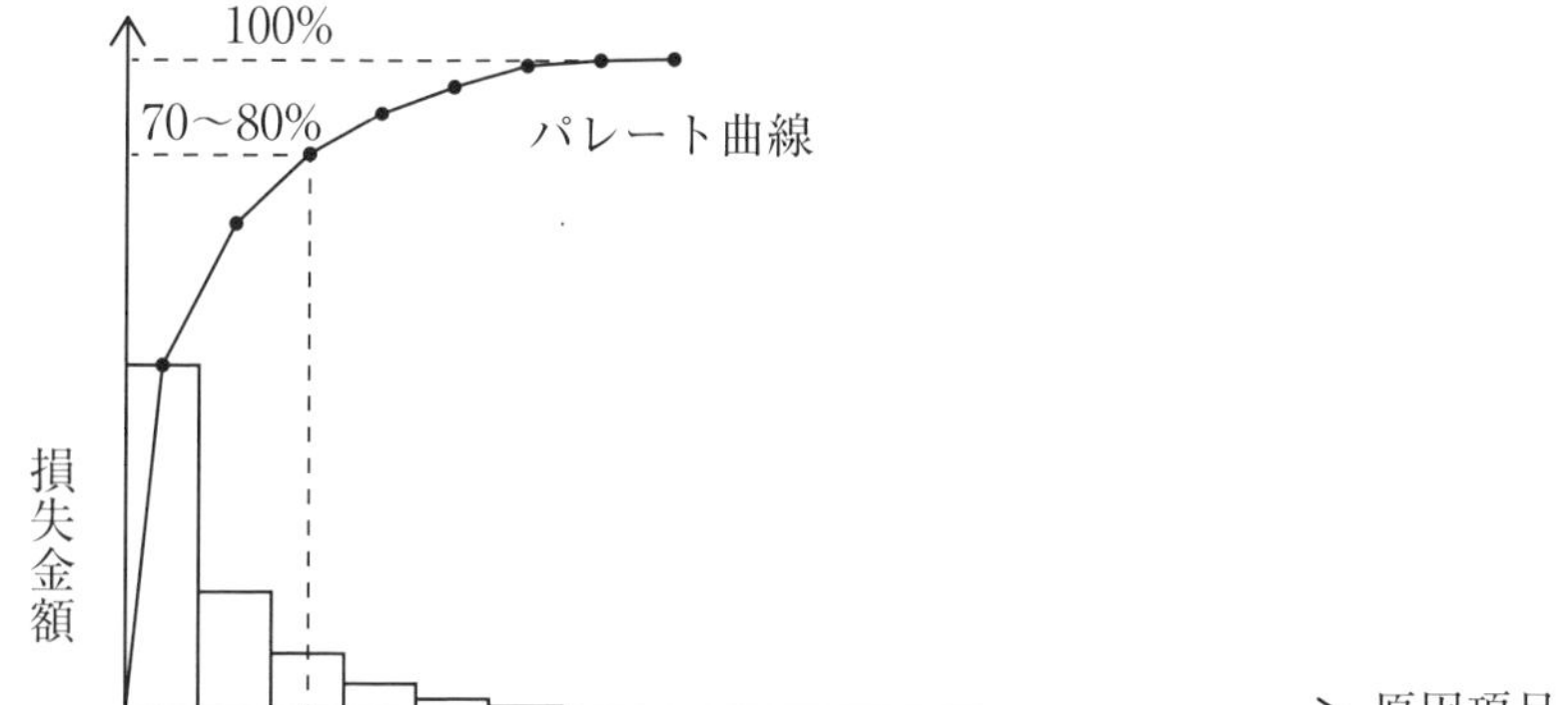

図２－11　パレート図とパレート曲線

上位2～3項目が、圧倒的に影響していることが多い。

このことは社会現象でも全く同じである。われわれはこのパレート図を活用して、現在最も問題となっている問題点を客観的に発見し、これを解決すれば大きな効果を上げることができる。検出された全ての問題点について、投網を被せるごとく一度に取り組むのは、手間隙がかかりすぎて経済的でない。パレート図により、比重の高い項目から退治してゆくのが得策である。

たとえば、現代の社会問題となっている小・中学生のいじめによる自殺事件について、自死という最悪の事態の原因項目を調査して、頻度の多い順から2～3項目について、徹底的に原因を究明し、再発防止に役立てるようにすべきである。

次にパレート図を作成する場合の注意事項は次のとおりである。
①　できるだけ原因別、あるいは状況別に層別してデータを取っておくこと。どう層別するかは目的によって異なる。
②　損害などの件数、ロス率、不良率などよりもなるべく金額であらわすこと。問題によっては各要因が与えるバラツキを分散（寄与率：注）で表すのもよい。
③　分析期間の設定は目的によって考慮すること。あまり短すぎるとバラツキが大きくなり、さりとて長くすると精度は上がるが、アクションが遅れる。
④　アクションをとったら、その前後で実施効果を比較すること。
⑤　可能な限り時間別、機械別などに層別してパレート図を作ること。
⑥　最大の問題を、更に分けてパレート図を作ると問題点が絞りやすい。
次にパレート図の見方と使用上の注意を挙げる。
①　数あるデータの中で、より効果の大きいテーマをとりあげること。
②　テーマに関係する部門から人を出し、チームを編成し、各部門別に解決策を検討させ、協力して解決を実行させる。
③　毎月、毎期ごとに作成し、効果の経過をつかむ。

パレート図は簡単ではあるが、非常に役に立つ手法であるので、ＳＱＣのみならずあらゆる分野で活用でき、効果を発揮することができる。

注：寄与率とは結果に対して何が一番寄与しているかを判別する数値である。例えば３ヶ所以上の別の場所での売上に対して、優位性があるか、またはないかを判別する場合に分散分析が有効である。詳しくは専門書で。

2－6　工程能力図

品質に関する工程能力図とはとりもなおさず工程能力（process capability）をあらわすための図である。工程能力とは製造工程から出てくる製品の規格に対するカバー力、また仕事で言えば出来栄えの品質力とでも言えようか。機械などでは機械能力（machine capability）とも言う。

一般に工程能力を図示するには、次の３つの方法が用いられる。これらの図（図２－12および図２－13）により工程能力の実態をつかもうというのである。

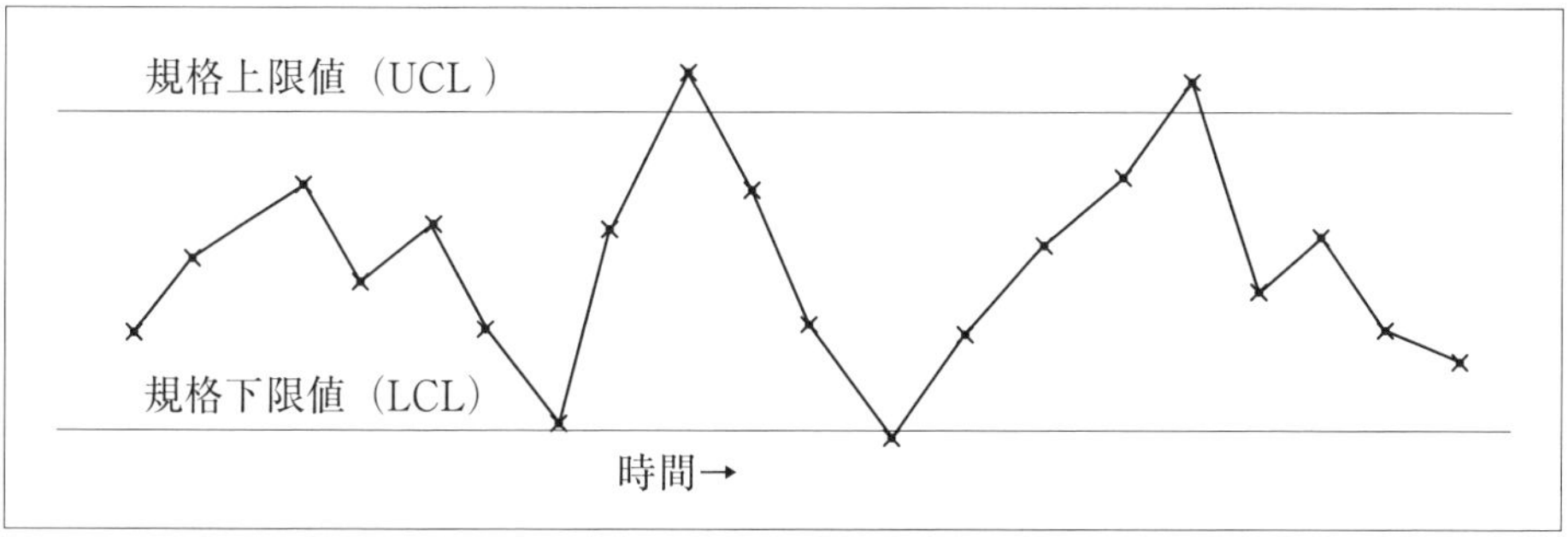

図２－12　時間的変化を見るための工程能力図（１）

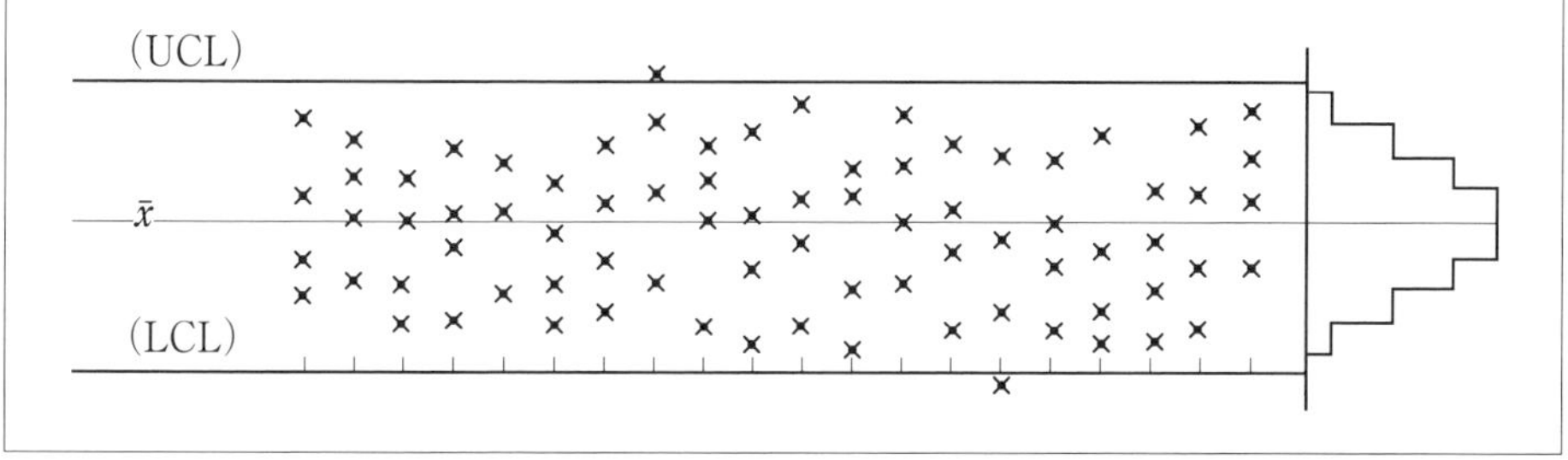

図２－13　時間的変化を見るための工程能力図（２）

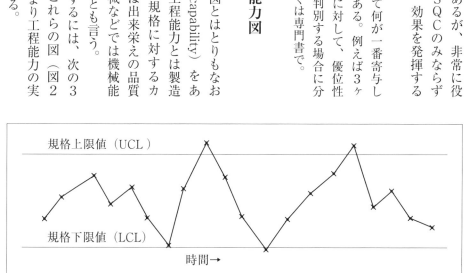

（a）度数分布
（b）管理図
（c）規格値を入れたグラフまたは打点

図２－12は一定時間ごとに１個のデータが得られる場合の例である。この工程は相当大波があるので、工程能力は十分でないことを示す。この大波を押さえれば、工程能力は相当によくなることを示している。

図２－13は一定時間ごとにランダム・サンプリングした４個のデータが得られる場合の例である。規格内ギリギリなものがあるのがわかる。よく注意して作業するか、あるいは工程能力をもう少し向上させる必要がある。

（a）の度数分布では能力の分布がわかりやすく、平均値や標準偏差も求めやすいが、時間的変化はわかりにくい。（b）の管理図ではデータを生産順にプロットするので時間的変化はよくわかるが、能力の分布はつかみにくい。そこで図２－13のように時間的変化の片側に、度数分布を書き加えると、能力分布をふくめた全体像がつかみやすい（c）。

２－７　散布図（相関図）

一種類のデータの分布は度数分布などで大体の分布をつかむことができるが、表２－３のごとく対《つい》になった一組のデータの分布はつかみにくい。この一組になったデータの分布を知るには図２－14のような散布図を用いるとよい。例えば温度と歩留まり、材料の成分と不良率のように対になって、対応性のある一組のデータの場合である。

一例として、ある材料の成分（含有率）とその時の平均強度を、一対にしたデータを表２－３に示し、そのデータをプロットした散布図を図２－14に示す。

表２－３だけではただ数字が並んでいるようにしか見えないが、図２－14の如く対のデータをプロットして散布図に書くと、材料の成分が上昇すると平均強度も上昇する様子がよくわかる。

次にいろいろな分布図と相関との関係を図２－15に示す。

成分 X	強度 Y	成分 X	強度 Y	成分 X	強度 Y	成分 X	強度 Y	成分 X	強度 Y	成分 X	強度 Y
0.52	26.2	0.45	23.5	0.99	49.4	0.99	29.4	0.35	23.8	0.36	23.1
0.58	25.4	0.73	28.4	0.07	19.8	0.07	19.8	1.10	30.7	0.62	29.2
0.66	24.2	0.28	23.6	0.93	27.7	0.93	27.7	0.18	22.7	0.65	26.3
0.18	22.7	0.45	26.2	0.97	30.0	0.97	30.0	0.18	21.6	0.93	28.5
1.00	30.0	0.38	21.9	0.76	27.0	0.76	27.0	0.40	22.1	0.11	24.0
0.71	26.9	0.67	25.4	0.10	22.8	0.10	22.8	0.36	23.9	0.65	28.1
0.87	27.0	0.37	23.6	0.69	28.1	0.69	28.1	0.58	27.6	0.82	29.0
0.36	25.3	0.29	23.9	0.35	24.5	0.35	24.5	0.32	21.8	0.79	27.3
0.62	25.6	1.03	28.4								

表２－３　材料の成分（％）と平均強度　（N＝100）

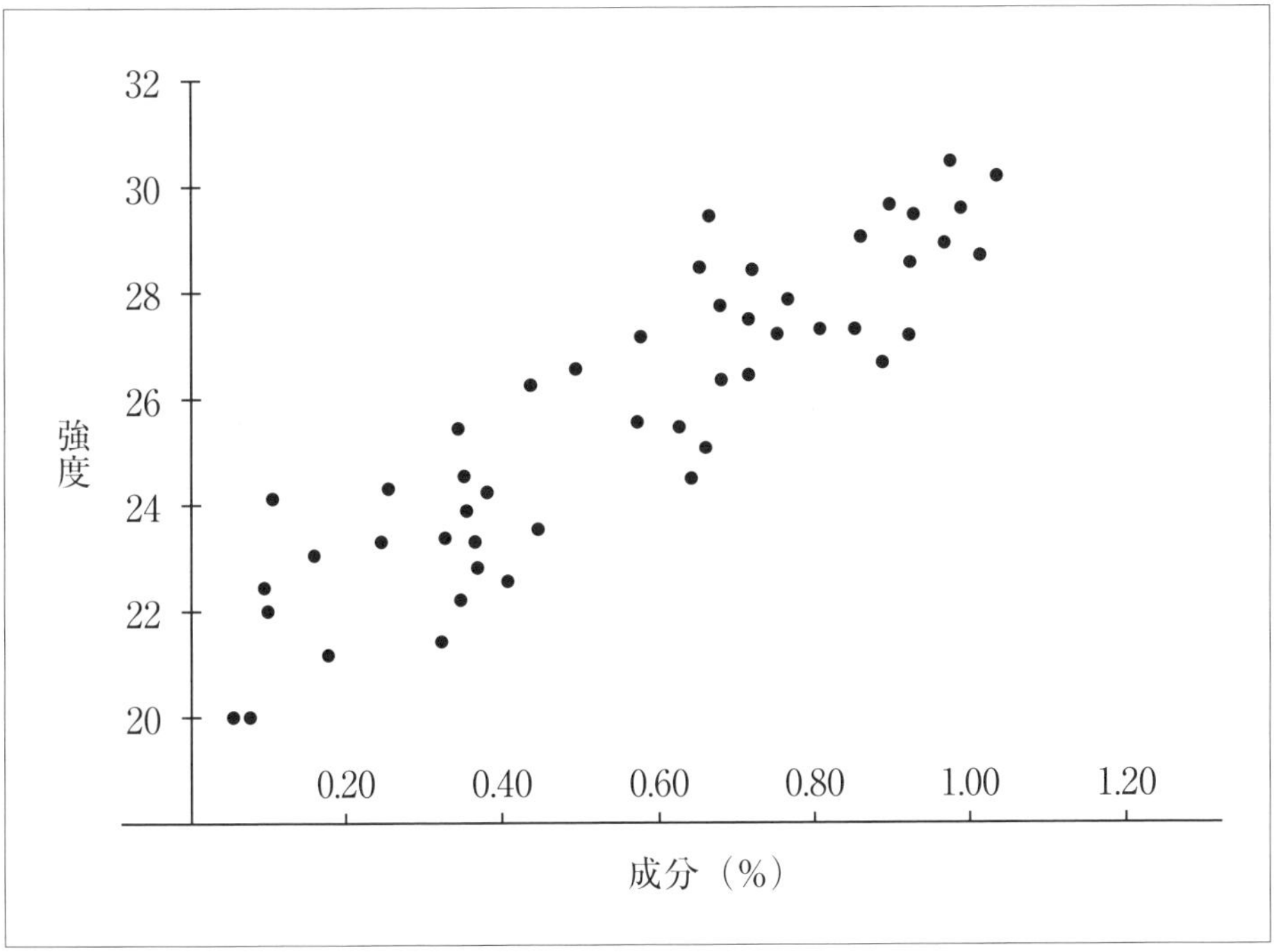

図２－14　成分と平均強度との散布図

図2－15(a)はきれいな相関関係が明示されており、検定の必要がない。(c)(d)(e)は目的によっては相関の検定が必要である。なおxとyが相互に順方向ならば「順相関」または「正相関」といい、相互に逆方向に

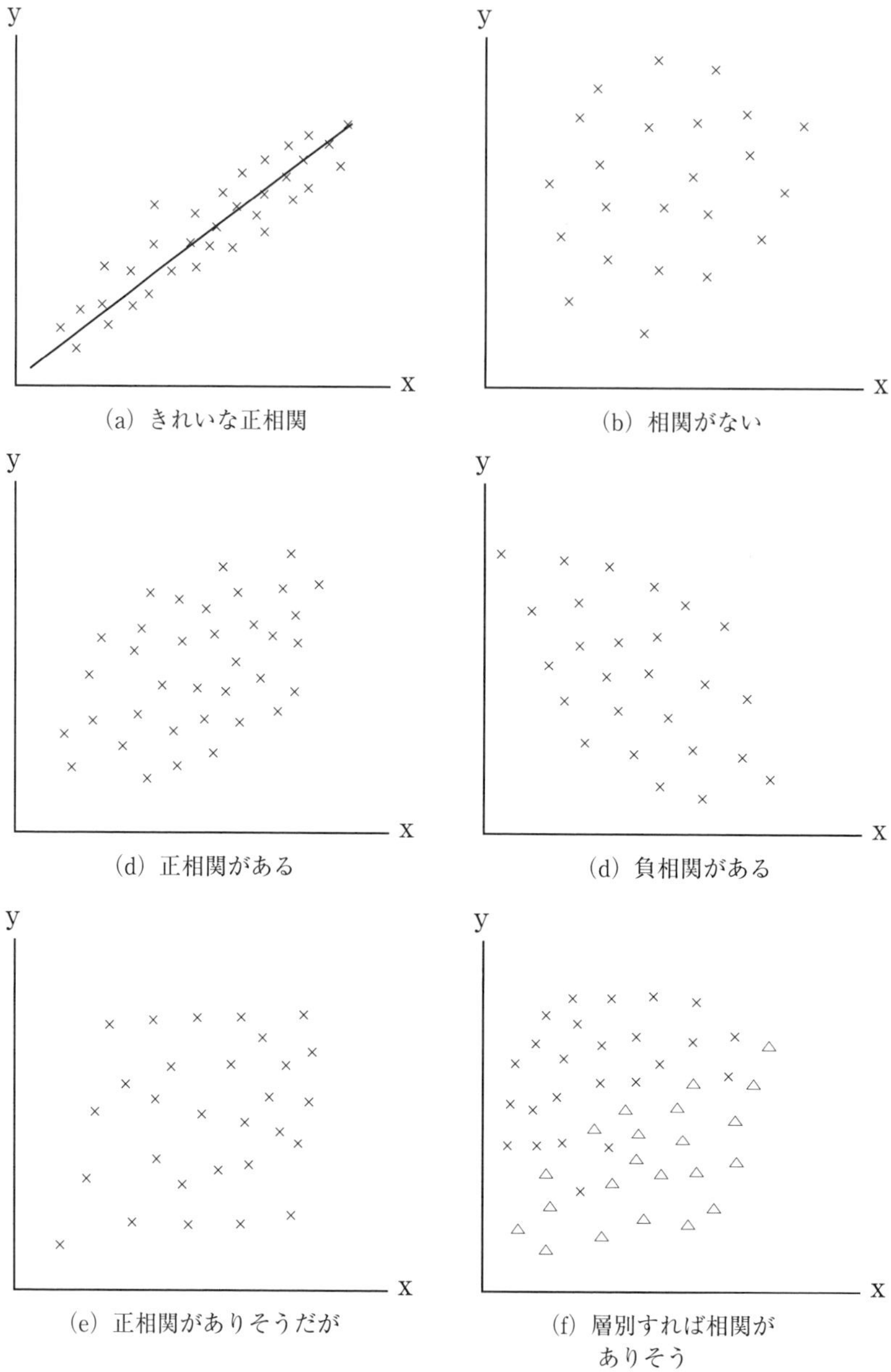

図2－15　散布図のいろいろな形

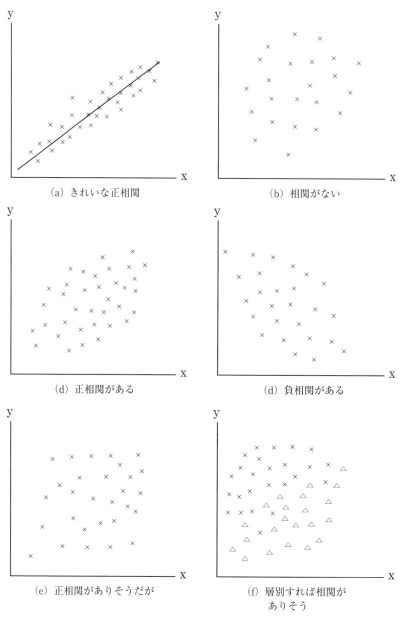

変化している場合は「逆相関」または「負相関」という。図の(f)は相関関係が無いように見えるが、種別別にマークをかえてプロットしてあるのを、マーク毎に層別してみると、明らかに相関関係が見えてくる場合がある。なお相関検定（相関の度合）の詳細については別の専門書を参照されたい。

第3章　管理図

管理図（Control Chart）は、広義にいえば管理に用いる図表（グラフ）ということもできる。米国のベル研究所のシェハード博士によって一九二六年に提唱され、製品および製造工程に適用して多大の効果をあげたのを嚆矢としている。

3－1　管理図の用途

ＱＣでは統計的解析にいろいろな図表を用いるが、中でも管理図は中心的な統計的手法といえる。ＱＣの名言「製品の品質は工程で作り込め」を実践するためにも、絶対に必要な手法である。管理図は主として製品の量産工程における、品質評価のために開発されたものであるが、工夫次第では仕事の出来栄え管理にも使えるはずである。ここで述べる管理図は時系列的に工程が進行する場合に便利に使えるよう、いろいろ工夫して作られている。

管理図の用途を大別すると次のようになる。

① 工程管理のため：各工程での製品の品質や仕事の出来栄えを、時系列的に管理し、異常を速く発見し、素早く正常に戻すため。

② 工程解析のため：工程の現状と変更後状態を知るため。

③ 品質保証のため：後工程に対して、および検査部門や売り先

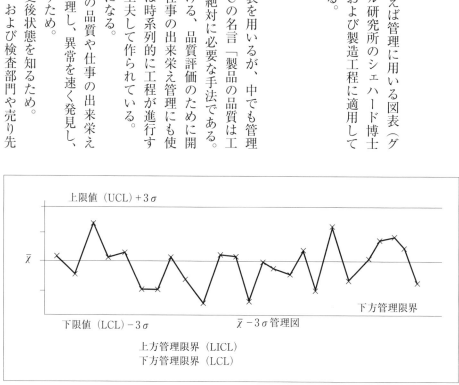

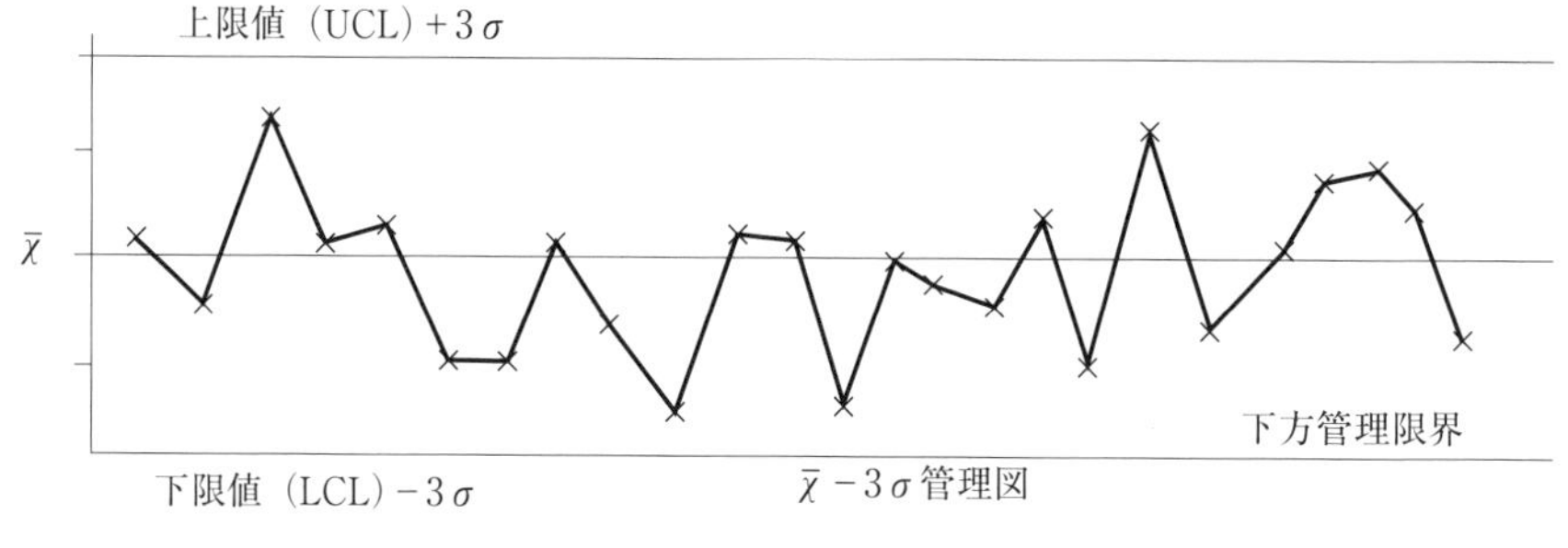

図３－１　$\bar{\chi}$－３σ管理図

に対する品質保証のため。

３－２　管理図の種類

管理図はデータの種類（計量値または計数値）によって、統計的な性質が変わってくるので、用いる管理図も異なったものとなる。通常次の４種類の管理図がよく用いられる。

(i)　$\bar{\chi}$－３σ（エックスバー３σ）管理図

分布特性を持ち、平均値（$\bar{\chi}$）と標準偏差（σ）が計算できるデータの場合は、図３－１の管理図の考え方が、全ての管理図の原型である。

(ii)　$\bar{\chi}$－Ｒ（エックスバーアール）管理図（図３－２）

この管理図は、$\bar{\chi}$管理図とR管理図に大別され、主としてデータが計量値で表される場合に用いられる。すなわち工程の測定値が長さや目方、強度、純度、時間など連続的な数値で表せるものを対象とする。またいちいちσを計算しなくてよいので、現場で使用するのに大変便利である。

$\bar{\chi}$管理図は主として（サンプルの平均値）の変化を見るために用い、R管理図はサンプルの幅やバラツキの変化を見るために用いる。またこの$\bar{\chi}$とR管理図は通常一対として用いるが、この両者を合わせ見ることによって工程の状態変化を、分布として確認することができる。故に両者を一緒にして$\bar{\chi}$－R管理図と称している。

この$\bar{\chi}$－R管理図は、いろいろある管理図の中で、工程の状態について最も多くの情報を提示してくれるので、ＱＣを行う場合に基本的な、かつ最も役立つ管理図である。

(iii)　ｐ（ピー）管理図、ｐｎ（ピーエヌ）管理図

この管理図（図３－３　ｐまたはｐｎ管理図）は、ある製品やサンプルの中に不良品が何個、何枚、あるいは欠点が何箇所というような、計数値を問題にする工程を管理するのに用いる。

サンプルの中にある不良品の数を不良率ｐで表したときにはｐ管理図を、同じく不良品の数を不良個数pnで表したときはｐｎ管理図を用いる。一般にサンプルの大きさｎが一定のときはｐｎ管理図を、ｎが時により

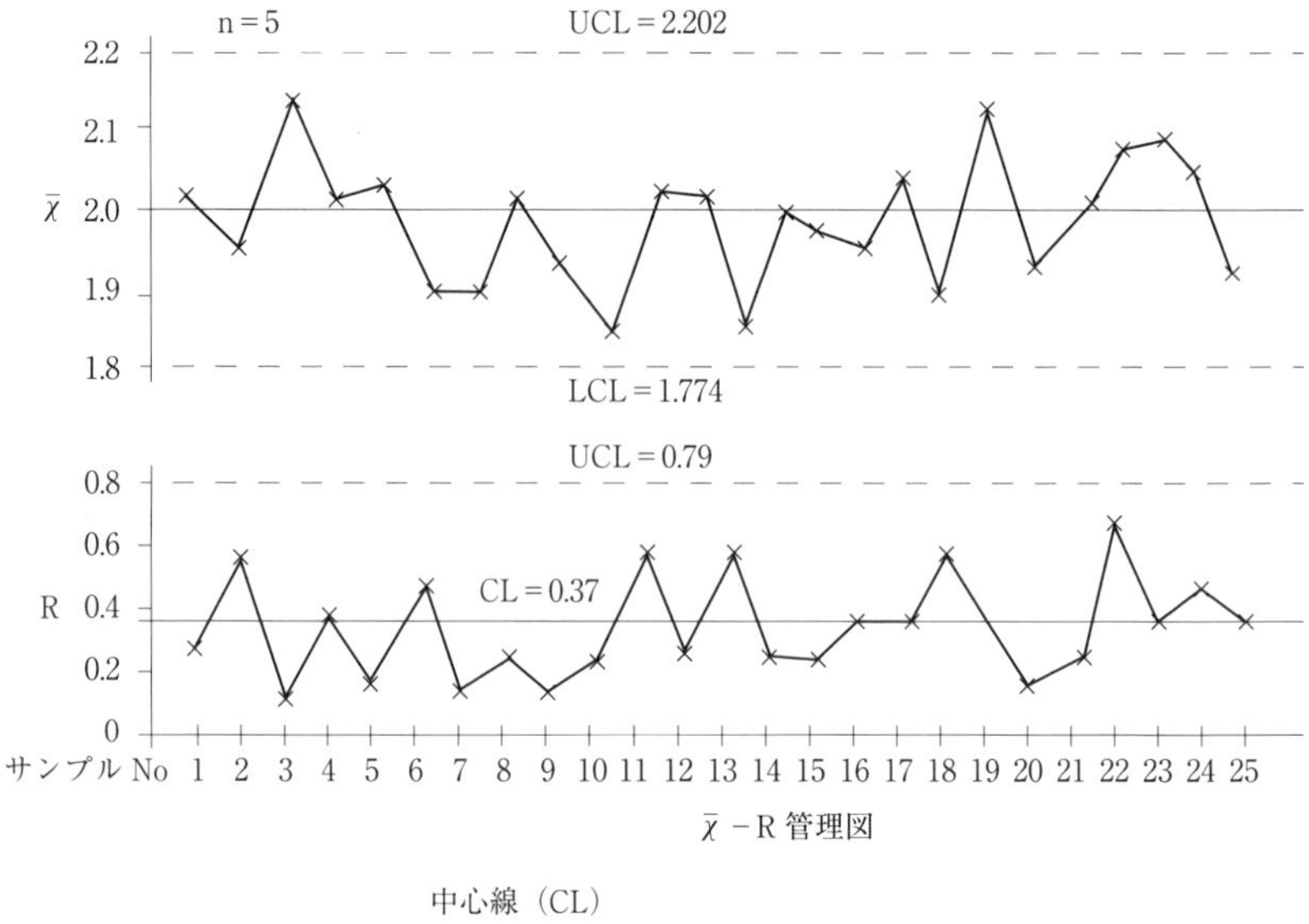

図３－２ $\bar{\chi}$ －R 管理図

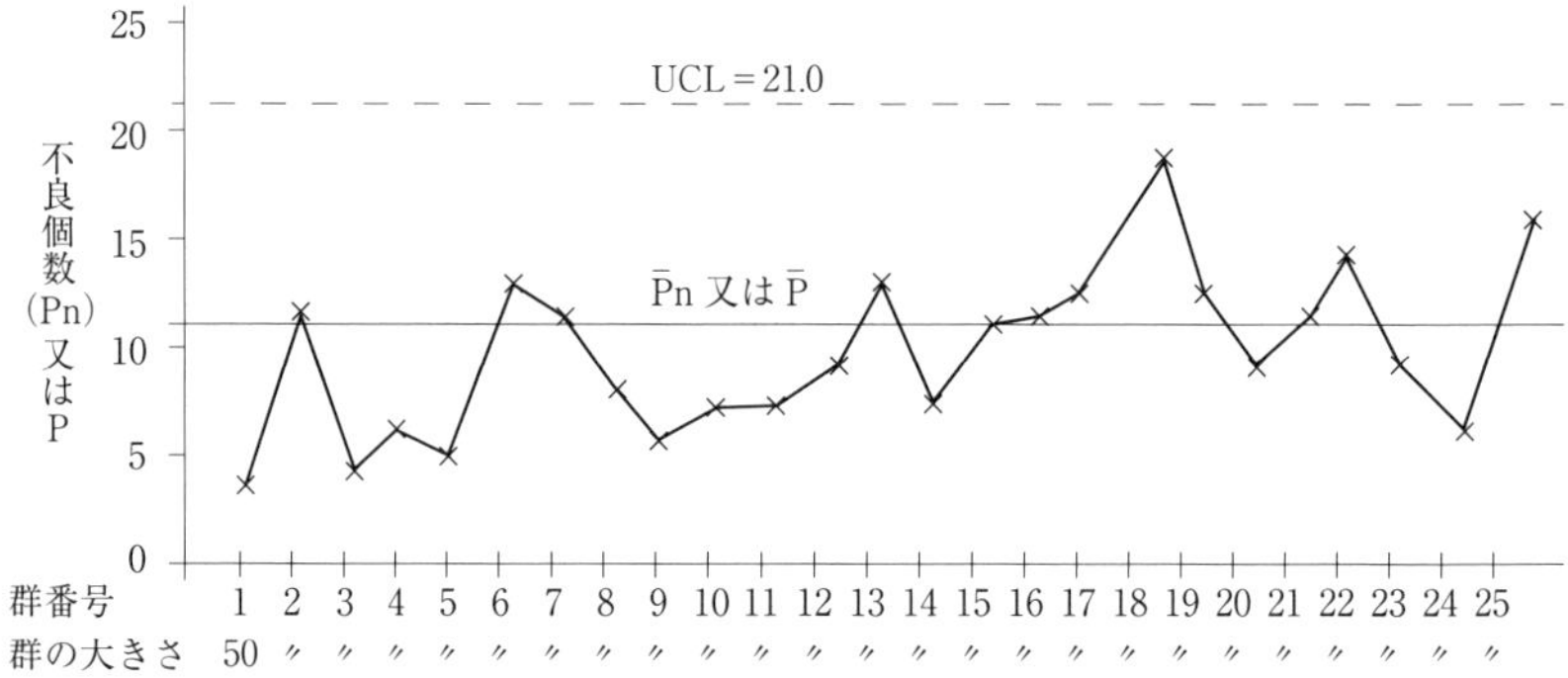

n＝サンプル数
r＝不良個数
P＝不良率
　とした場合　$P = \frac{r}{n}$
∴pn：不良個数

図３－３　不良個数管理図の一例＝P 又は Pn 管理図

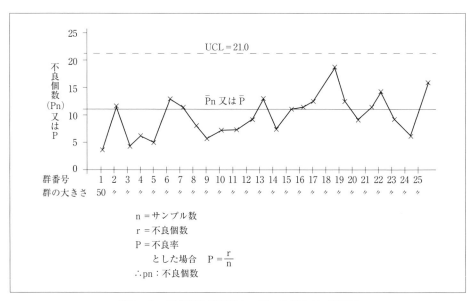

変化するときはp管理図を用いる。そして不良率pや不良個数pnは、統計的には二項分布することが証明されている。

なおこの管理図では不良品の他、出勤率、遅刻回数、機械や人の稼働率、故障中の機械台数等々用いることができる。

(iv)　c（シー）管理図、u（ユー）管理図

この管理図は、ある一つの対象物の中に欠点（不良ケ所）が複数ケ所あることを問題とするときに用いられる。例えば鉄板一枚の中にキズ、割れ、裂け目などの不良ケ所が何個あるか、あるいは機械、電気器具、TV、家具その他組み立て品の中の欠点数などのバラツキを問題にするときに用いる。さらに製品の品質以外に機械の故障数、工場別の事故数、安全管理、計算間違いやミスプリントなど広く用いられる。

一見p、pn管理図によく似ているが、異なる点はp、pn管理図ではn個中不良品r個というように、nが指定されている場合でrがnより大きくなることは無いが、c、u管理図はサンプルの個数は指定されておらず、cはどのような値でも取りうる場合である。統計的にいうとポアッソン分布するときに用いられる。

c管理図は、サンプルの大きさが一定のとき。たとえば一定面積、一台のTVをサンプルとしているときに用いる。また各人ごとの計算間違いや、鉛筆や紙の使用量の、一定時間内のバラツキにも、このc管理図を用いる。この点pn管理図に良く似ている。

u管理図は、サンプルの大きさが一定でないとき。たとえばサンプリングした板や布の面積がその都度異なるときに用いる。また工場の従業員の異なる各課の事故件数や、消耗品の変化を見たいときに用いられる。この点p管

χの基準線（CL）	$\bar{\chi} = 1.9888$
上限値（CUL）	$\bar{\chi} + A_2 R = 2.204$　※$A_2 R = 0.577 \times 0.372 = 0.215$
下限値（LCL）	$\bar{\chi} + A_2 R = 1.774$
Rの基準線	$R = 0.372$
上限値（UCL）	$D_4 R = 2.115 \times 0.372 = 0.79$
下限値（LCL）	$D_3 R =$ここでは考えない

囲３－１　$\bar{\chi}$－Rの基準線

理図と良く似ている。（以下省略）

管理図の原形は3σ限界による考え方が基本になっているが、時系列的に工程が進行する場合に、便利に使用できるように工夫されている。

3－3　管理図の作り方（概要）

（1）平均値（$\bar{\chi}$）と範囲（R）管理図

以下は鉄棒を切断する工程の例である。

（i）工程における製品の流れの中から、一定時間ごとに時系列順に5個ずつランダムサンプリングしてそれぞれの長さを測定し、そのデータを表3－1の如く作成する。この場合データの数は100個以上が望ましい。ただし本測定値は管理図を理解するための架空の数値である。実際問題としてこれ程誤差の大きい切断工程は考えにくいので念のため。

この表3－1の太線枠が原形で、細線枠内のごとく各サンプルの平均値および範囲を記録し全体を集計する。そして次式（囲3－1）によりχとRの基準線および上下管理限界値を求める。

ここでA_2 D_4 D_3は次表3－2で求められる。

ここで初めて出てくる定数A_2、D_4、D_3は表3－2データ・シートに示されているが、これはサンプル数nの大きさによって定まる定数で、別途統計的な方法で計算されたものである。詳しくは別途専門書を参照されたい。

量産されている製品の流れの中から、サンプリングしたデータに基づいて管理図を作る場合の便利な方法であり、あくまでも3σ管理の原理に基づいた近似値である。

次にこの表からχ、Rの平均値線と管理限界線UCL、LCLを引き、χ－R管理図を表したのが図3－2である。

サンプルNo.	日時	X_1	X_2	X_3	X_4	X_5	$\bar{\chi}$	$\bar{R}$
1	1 − 9	2.1	1.9	1.9	2.2	2.0	2.02	0.3
2	10	2.3	1.7	1.8	1.9	2.1	1.96	0.6
3	11	2.1	2.1	2.2	2.1	2.2	2.14	0.1
4	12	2.0	1.9	1.9	2.0	2.0	2.20	0.4
5	14	2.1	2.2	2.0	2.0	2.1	2.03	0.2
6	15	2.1	1.7	1.8	1.7	2.2	1.90	0.5
7	16	1.8	1.8	2.0	1.9	2.0	1.90	0.2
8	2 − 9	2.2	2.2	1.9	2.0	1.9	2.04	0.3
9	10	2.0	1.8	2.0	1.9	2.0	1.94	0.2
10	11	1.8	1.7	2.0	2.0	1.7	1.84	0.3
11	12	1.8	1.9	1.9	2.4	2.1	2.02	0.6
12	14	1.9	2.2	2.0	2.0	2.0	2.02	0.3
13	15	2.2	1.9	1.6	1.9	1.8	1.83	0.6
14	16	2.0	2.0	2.1	2.1	1.8	2.00	0.3
15	3 − 9	1.9	1.8	2.1	2.1	2.0	1.98	0.3
16	10	1.6	1.8	1.9	2.0	2.0	1.86	0.4
17	11	2.1	2.2	2.1	2.0	1.8	2.04	0.4
18	12	1.8	1.8	1.6	2.1	2.2	1.90	0.6
19	14	2.4	2.1	2.1	2.1	2.0	2.14	0.4
20	15	2.1	1.9	1.9	1.9	1.9	1.94	0.2
21	16	2.0	1.9	1.9	2.0	2.2	2.00	0.3
22	4 − 9	2.0	2.0	2.3	2.2	1.8	2.06	0.5
23	10	2.2	2.2	2.0	1.9	2.2	2.08	0.4
24	11	1.9	1.9	2.0	2.4	2.0	2.01	0.5
25	12	1.7	2.1	2.1	1.8	1.9	1.92	0.4
計							49.72	9.3
平均							χ = 1.9888	CL = 0.372

表３－１　鉄棒の長さ　(mm)（n = 125）

サンプルの大きさ	$\bar{X}$管理図		R管理図				$\hat{\sigma}$とRの関係 $\hat{\sigma}=\bar{R}／d_1$		$\hat{\sigma}$とSの関係 $\hat{\sigma}=S／c_2$	
n	A	A_2	D_1	D_2	D_3	D_4	d_1	$1／d_1$	c_2	$1／c_2$
2	2.121	1.880		3.686		3.267	1.128	0.886	0.564	1.772
3	1.732	1.023		4.358		2.575	1.693	0.591	0.724	1.382
4	1.500	0.729		4.698		2.282	2.059	0.486	0.798	1.253
5	1.342	0.577		4.918		2.115	2.320	0.430	0.841	1.189
6	1.223	0.483		5.078		2.004	2.534	0.395	0.869	1.151
7	1.134	0.419	0.205	5.203	0.076	1.924	2.704	0.370	0.888	1.126
8	1.061	0.373	0.387	5.307	0.136	1.864	2.847	0.351	0.903	1.108
9	1.000	0.337	0.546	5.394	0.184	1.816	2.970	0.337	0.914	1.094
10	0.949	0.308	0.687	5.469	0.223	1.777	3.078	0.325	0.923	1.084

表３－２　データ・シート

（2）不良率（p）管理図

　P管理図の各定数は囲3－2で算出する。これで算出した定数を使って管理図を図3－3の如く作成できる個数が1以下になるように群の大きさをとる場合もある。

　管理図の描き方はx－R管理図と同じであるので省略する。ここで不良率の下部管理限界線は不要のように思えるが、検査の居眠りも考えられるので、残しておいたほうが良い。

（3）不良個数(pn)管理図

　管理限界線の求め方以外はp管理図と全く同じで、ただnが一定の場合に用いる。

（4）単位あたりの欠点

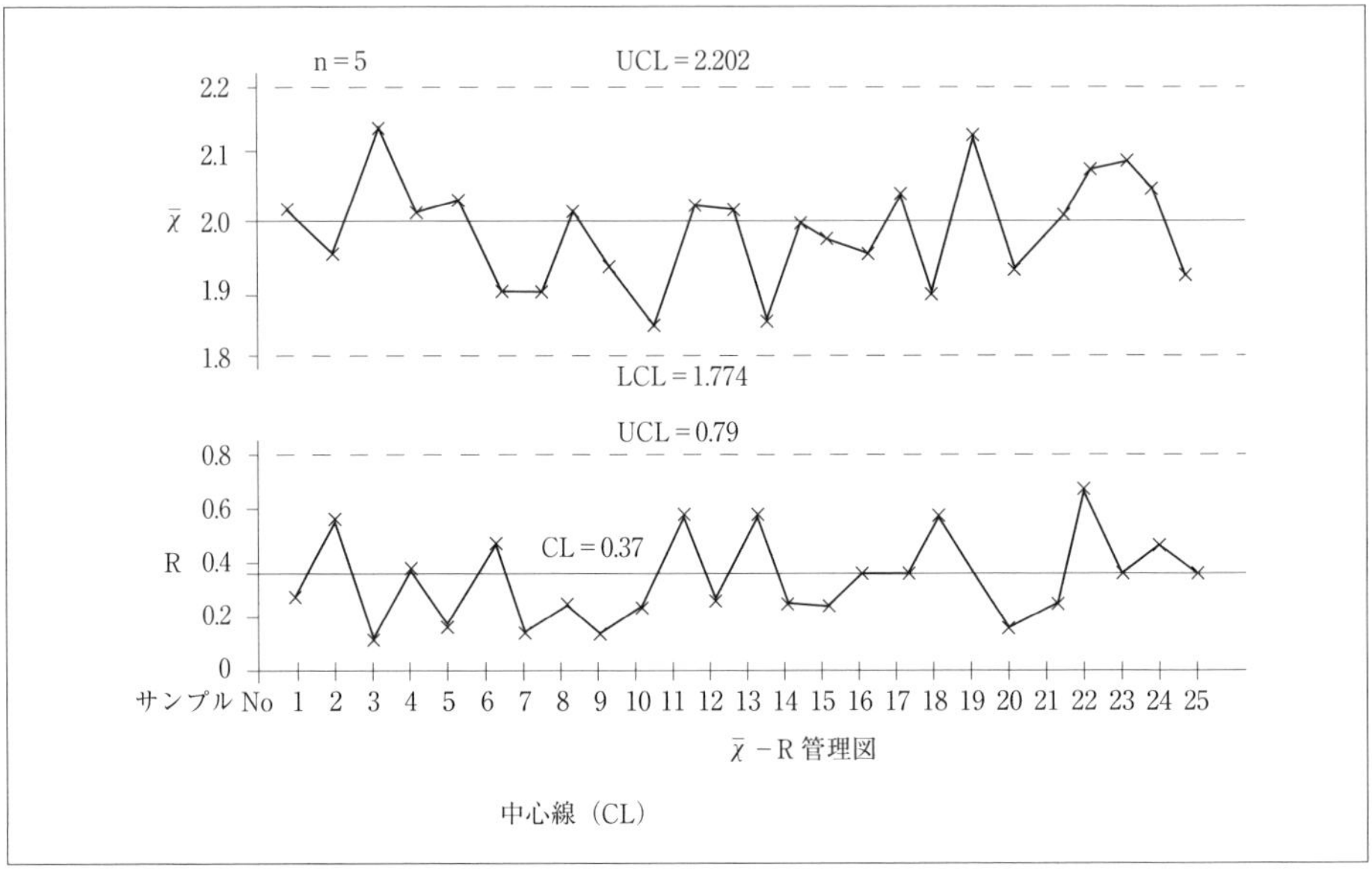

図3－2　$\bar{\chi}$－R管理図（再掲）

不良率　p＝不良個数／群の大きさ（サンプル個数）＝r／n

平均不良率p＝総不良個数／総検査個数＝Σr／Σn…（工程平均）

中心線　CL＝p

上部管理限界線　UCL＝p ＋ $3\sqrt{p(1-p)/n}$

下部管理限界線　LCL＝p － $3\sqrt{p(1-p)/n}$

囲3－2

数（u）管理図の作り方

管理限界線の求め方以外はp管理図と良く似ている。

単位のとり方は通常単位当たり平均欠点数が１～５くらいになるようにとる。ただし１以下になるようなこともある。

ただしnは群の中に含まれる単位の数。またLCLがマイナスの値のときは考えなくて良い。

３－４　管理図の見方（アクションの動機づけ）

管理図は書いただけでは何の役にも立たない。この図の動きから製品の製造や作業工程で、今何が起こっているかを読み取り、異常原因を探し、除去しなければならない。管理図の見方には相当の熟練を要するが、一般的な情報の汲み取り方について以下に述べる。

（1）基本事項

①　管理図上の点をただ点として見ずに、工程内の分布として見ること。

②　打点が、中心線の上下一方に偏らず、

中心線　ＣＬ＝総不良個数／群の数 ＝Σpn／ k ＝pn

上部管理限界　UCL＝ pn ＋ $3\sqrt{pn(1-p)}$

下部管理限界　LCL＝ pn － $3\sqrt{pn(1-p)}$

以上の３数字をつかって不良個数管理図を示すと図３－２のとおりである。

囲３－３　不良個数（pn）管理図定数式

単位あたりの欠点数 u ＝群の中に含まれる総欠点数（c）／群の中に含まれる単位数（n）

中心線　ＣＬ＝ u ＝各群の c の和／各群の n の和＝Σc／Σn

管理限界線　　u ± $3\sqrt{u/n}$

囲３－４　欠点数（u）管理図の定数式

限界内にある場合は、あまり気にしなくて良い。原則的に工程は管理状態にあるとみなす。

③　打点が限界外（線上も含む）に出たときは、工程に確たる異常な原因が発生していることを示しており、直ちにアクションを取ることを準備し次の打点に注意する。

（2）詳細な見方

(i) 解析用の管理図において次のような状態にあるときは、これを一応管理状態とみなして、その管理線を将来に延長して管理用に用いることができる。

(a) 連続25点以上管理限界内にある場合

(b) 連続35点中限界外が1点以内の場合

(c) 連続100点中限界外が2点以内の場合

ただしこの場合でも限界外の点については、その異常原因は探さなければならない。

(ii) 点が中心線に対して一方の側（上または下）に連続して現れた場合、これを連（run）といい、長く点が並ぶ場合は異常があるとみなす。解析用の管理図において次のごとき偏って発生するときは異常有りと判断する。

(a) 連続して7～8点出現。

(b) 連続して11点中少なくとも10点出現。

(c) 連続して14点中少なくとも12点出現。

(d) 連続して17点中少なくとも14点出現。

(e) 連続して20点中少なくとも16点出現。

(iii) 点が上昇あるいは下降の傾向（trend）にある場合は、異常が起こっている可能性がある。

(iv) 点が半分以上限界外に出たり、また点が中心線から限界までの距離の半分以内にそのほとんどが入っているような管理図は、層別の仕方が悪い管理図であることを示している。

第4章　サンプル調査と抜取検査

第2章において、母集団から情報を得るには全数を調べるよりも、サンプルから得られるデータを統計的に処理して得る情報の方が、より合理的であり、品質情報としてまとめやすいと述べた。サンプルから得る情報は、あくまで推定であることは否定できないが、調査の目的にかなった量のサンプルであれば、またその意味するところを十分に理解しておけば、実用的にはそれ程大きな誤判断は起きないとされている。世間一般の常識では、何かを調査する場合の発想は、まず全数を調べて判断することから始めるが、ＷＱＣ的発想はまずサンプル調査から始めることを前提に考えていただきたい。

そこで本章では、母集団とサンプルとの関係について知ることは、ＷＱＣを運用する上で、勇気と自信を植え付ける重要なキーとなるので、基礎的な理論について述べる。あわせて抜取検査の理論についても解説した。

4－1　用語の意味する事項

(1)　調査の単位

製品の単位とは「良品と不良品に区別するために、選ぶ単位体または単位量（以下単位体）をいう」とある。完成体がはっきりしないＷＱＣにおいては特定しにくい面があるが、ここでは仕事の区切りのついた単位区分を単位体にすることができる。たとえば公社・電話局における電話加入者開通工事（以下ＳＯ（サービスオーダー）工事）でいえば、加入申込受付から開通工事完了までの一つのストロークが仕事の単位体といえようか。また電柱の劣化状況を知るための調査ならば、電柱一本が単位体となる。ＷＱＣで仕事の実態を見る場合は、それ程厳密にしなくても、実用的には差し支えない場合が多いと考えられる。統計的に母集団の情報を推定して、アクションを取る場合などでは、ある程度限定しておかなければならないが、調査の目的によって、それぞれの単位を決めればよい。この単位体のとり方については後の章で具体的な事例によって説明することにする。

（2）ロットおよびロットの大きさ

ロットとは調査の対象となる単位体の集合である。同一とみなされる工程で製造された製品群で、ネジ10,000本または電話機500台の集団がそれである。WQCでは特定期間内の作業量、たとえば先のSO工事件数1ヶ月分あるいは1年分とか、加入者の状況が知りたい場合は、全国平均値（外国との比較）、地域毎（県単位）および収容局毎の全加入者となろうか。

WQCにおいてロットを特定する場合は、なるべく類似の単位体となるように層別することが重要な要件となる。層別の上手下手で、サンプルから得られる情報の信頼度や解析の的確性に与える影響が大きくなるので、調査の目的によっていろいろ工夫をこらすことが重要である。

ロットの大きさとは、ロットに含まれる単位体の総数を言う。通常N（ラージエヌ）で表す。サンプルで判断する範囲またはその判断により、アクションを取る全対象ともいえる。

（3）サンプルおよびサンプルの大きさ

サンプルとはロットからサンプリングした単位体をいう。作業工程の集合体であるならば、サンプリングした単位作業の数である。例えばサンプルをSO工事1件、建柱工事1件、ケーブル架設工事100メートルあるいは原稿の校正1ページとしたならば、その件数、単位長及び枚数をサンプルの大きさといいn（スモールエヌ）で通常表す。

4－2　サンプル調査の特性

WQCで取り扱う一般的事象の調査では、製品の抜取調査方式とは目的が異なるのでそれ程厳密に考えることはない。しかし、母集団の特性をサンプルで推定する場合の、誤差の程度や判断を誤る確率を知っておくことは非常に重要なことであるので、概略の理論的裏付けを述べておく。

（1）ロットとサンプルの関係

ロットの大きさN＝1、000個、ロットの不良率p＝5％（5／100とは良品950個・不良品50個）のロットから、サンプルの大きさn＝20個のサンプルをランダムに抜き取った場合（ランダム・サンプリング注）、サンプルの中に現れる不良個数は一定ではなく、0個あるいは1、2、3、4……個と変わる。そこでこの実験を100回繰り返したところサンプル中に現れる不良個数の分布が表4－1のようになった。またこの表をヒストグラムで表示すると図4－1となる。すなわちこの抜取

n ＝ 20 個中の不良品の数 d	100 回の試行中に不良品の数 d の現れた回数
0	36
1	38
2	19
3	6
4	1
5	0

表4－1　サンプリングと不良品の出る回数

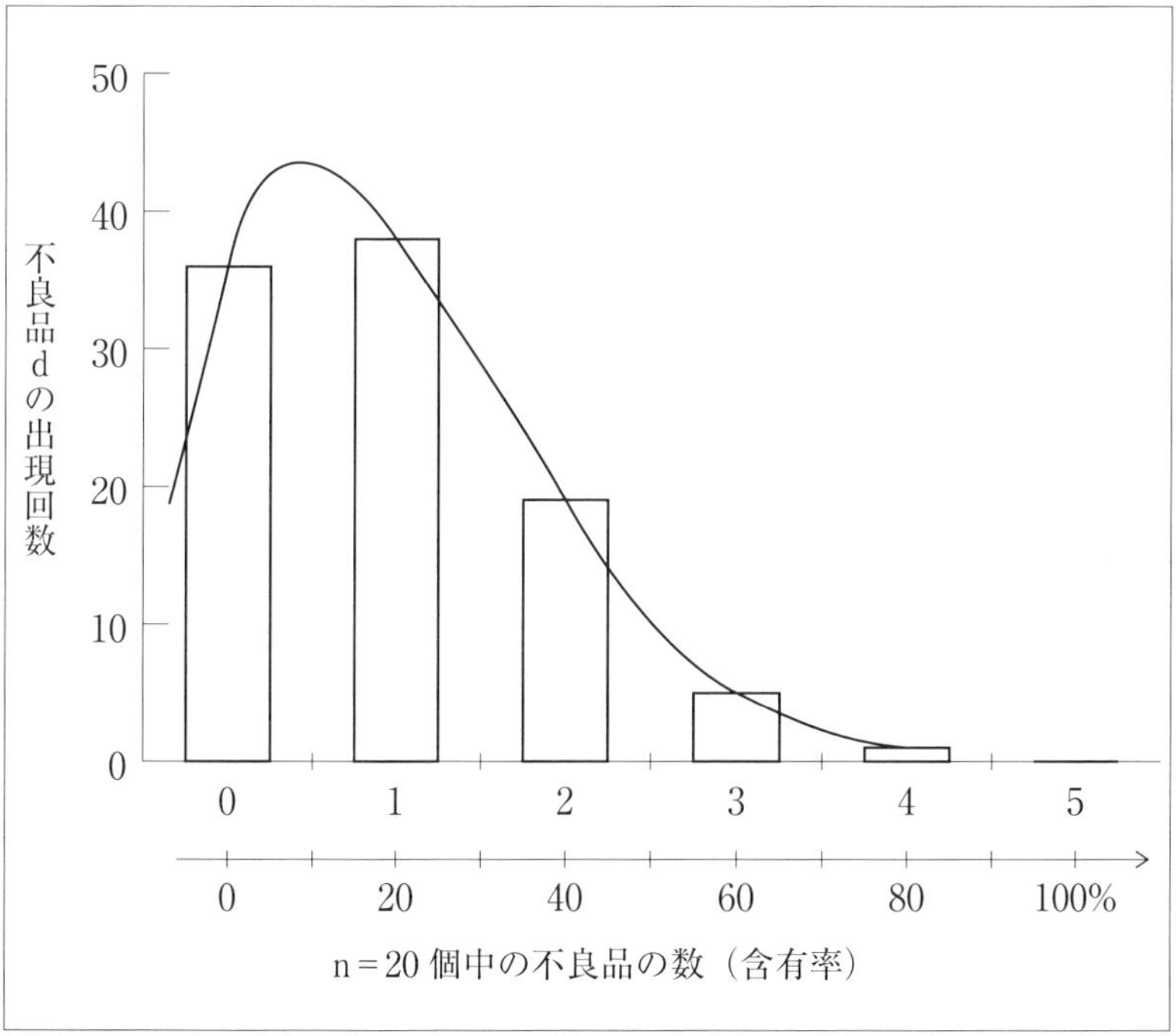

図4－1　表4－1のヒストグラム

調査方式の回数を増やせば不良率1／20＝5％に近づいていくことを示している。

次に参考のために、同様にロットの不良率pを2％、5％ 10％、15％、20％、25％に変化させてこの実験を継続してみる。不良率ごとに100回繰り返したところ、表4－2が得られた。

なおこの二つの実験は簡単にできる。たとえば表4－1の実験は、同じ規格の白い玉と黒い玉をそれぞれ200個ぐらい用意する。不良率10％のロットを作るには、白い玉を90個と黒い玉を10個袋に入れて混ぜ合わせればよいが、また、20個を一度にサンプリングできる器具を用意して実験を繰り返すと正確で早い。表4－2の実験は白玉100個をベースに2個、5個……と指定の不良率になるように白玉を黒玉に入れ変えて、表4－1の実験と同様に繰り返せばよい。

表4－2をもとに、抜き取り検査の論法を展開してみると次のようになる。仮

N=20 個中に現れた不良個数D	100 回の試行中に不良個数（d）の現れた回数					
	ロットの不良率（p）					
	2%	5%	10%	15%	20%	25%
0	67	36	12	4	1	0
1	27	38	27	14	6	2
2	5	19	29	23	14	7
3	1	6	19	24	23	16
4	0	1	9	18	24	18
5		0	3	10	18	20
6			1	5	10	14
7			0	2	5	10
8				0	2	7
9					1	5
10						1
D=0,1,2 の表れた数	99	93	68	41	21	9
ロットが合格となる確率L（P）	0.99	0.93	0.68	0.41	0.21	0.09

表4－2　各不良率に対する不良品の出る回数

にこのロットの合格、不合格を判定するとして、その判定基準をAcとする。ここでAcは20個のサンプル中に表れる不良品の数である。いまn＝20、Ac＝2とした場合の判定方法を考えてみよう。

不良品数d≦Ac（この場合2）ならばロットを合格とする。

また、不良品数d＞Acならばロットを不合格とする。

として表4－2から判定してみると、同表最下段に示してあるごとく合格する確率は、L（p）の値で示される。すなわちロットの不良率が2％ならば合格確率は99％、5％ならば同93％……25％ならば同9％であることを示している。そこで別途統計的に計算されたL（p）の確率特性を示すと図4－2のようになる。

この特性曲線（図4－2）は、ロットの不良率に対する合格基準Ac＝2のときの、合格、不合格を判定する確率曲線である。サンプル中の不良率10％（サンプル20個中d＝2以下）以下を合格と判定しようとしているのに、実際はロットの不良率2％と低い値でも、7％の確率で不合格にしてしまうことを示している。逆にロットの不良率が25％と悪いのに、誤って9％の確率で合格と判定することを示している。

このようにサンプル調査では、当然ある程度の過誤を犯す危険をもっていることを許容して運用することが必要である。

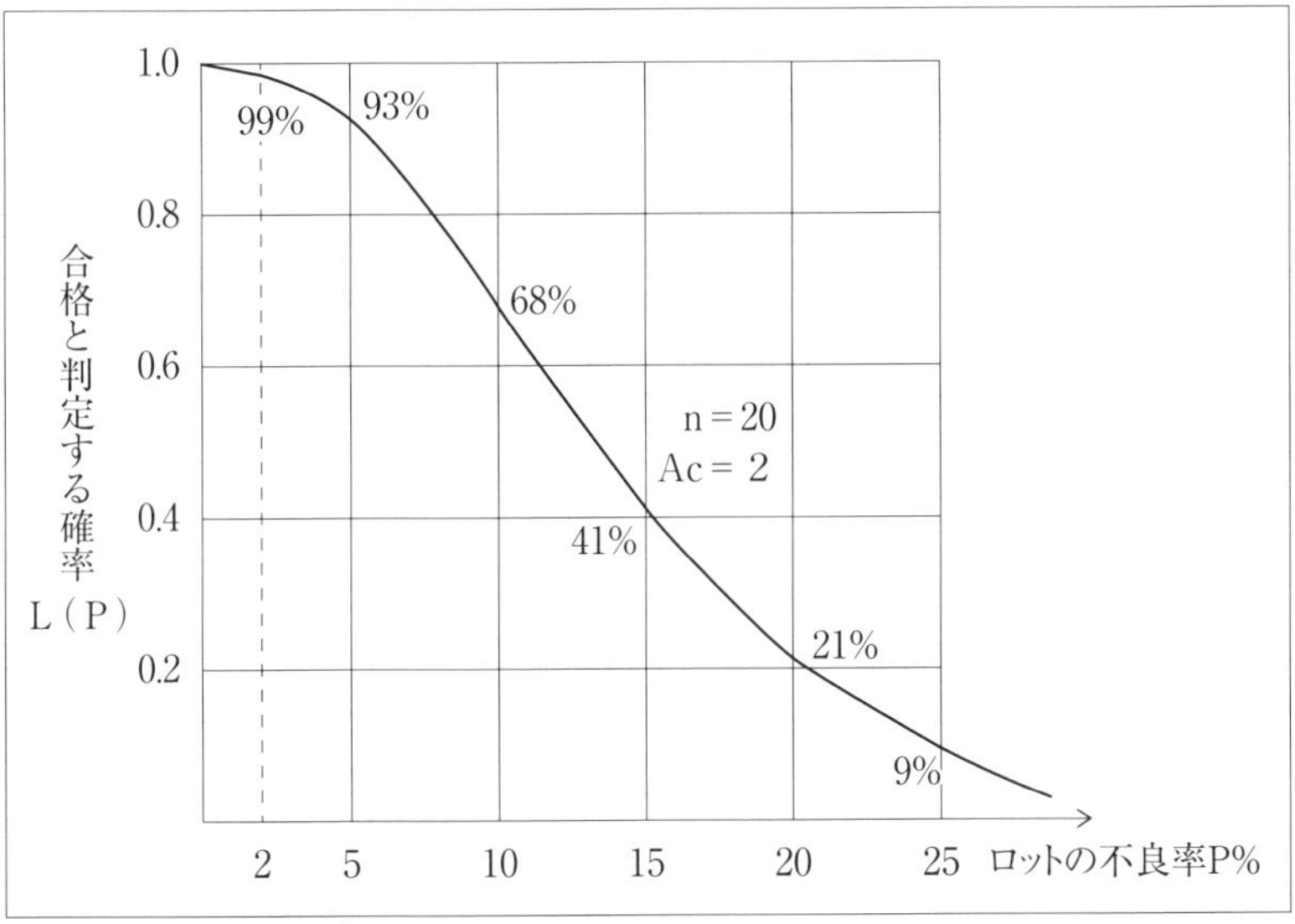

図４－２　ＡＣを一定、ｎの変化特性

（2）nとAcとNの変化に対するL（p）特性

図4－2と同様に、サンプルの大きさnを10、20、40個と変化させた場合、合格と判定する確率L（p）の特性は図4－3のようになる。

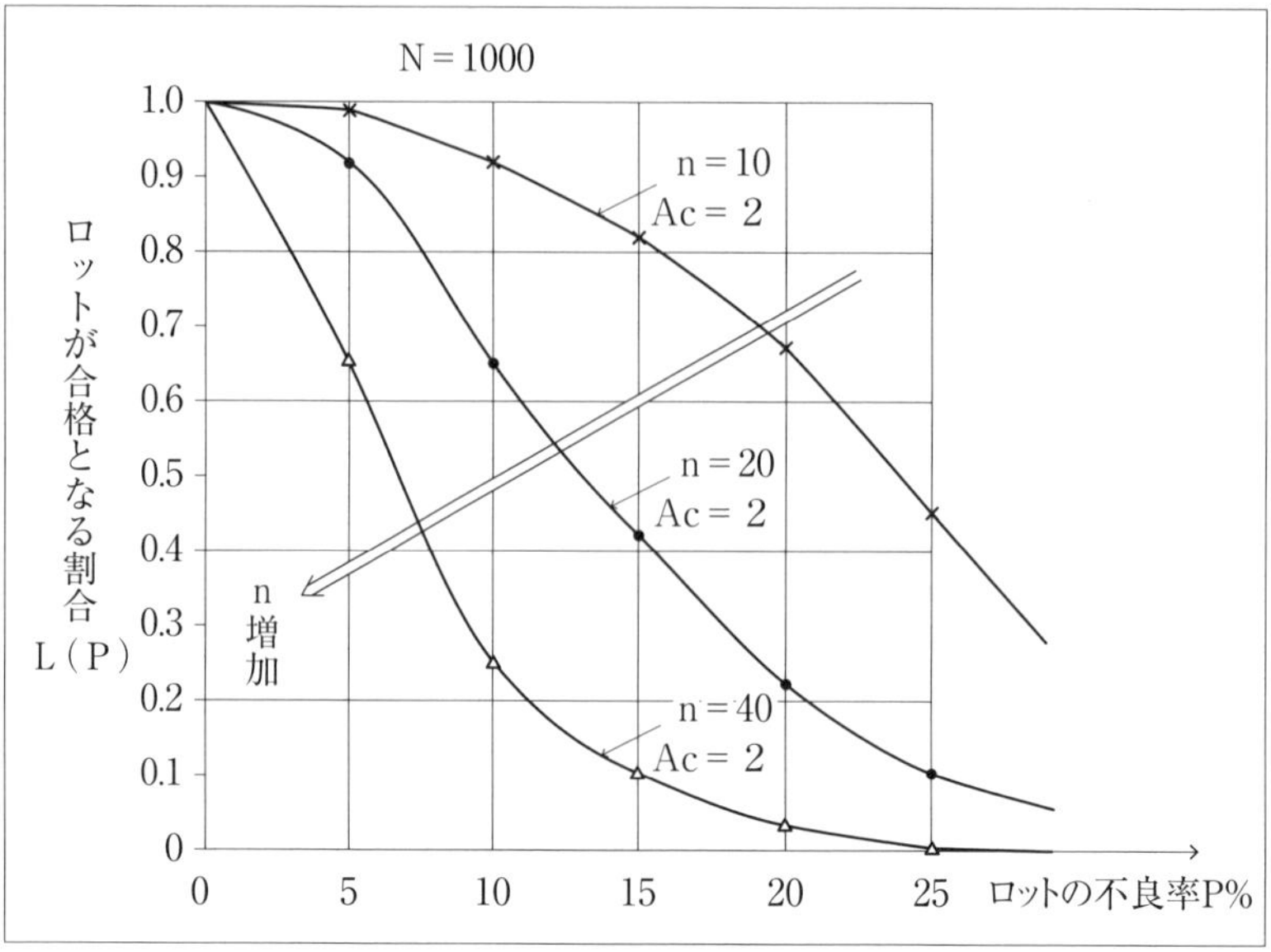

図4－3　nとAcを一定、Nの変化特性

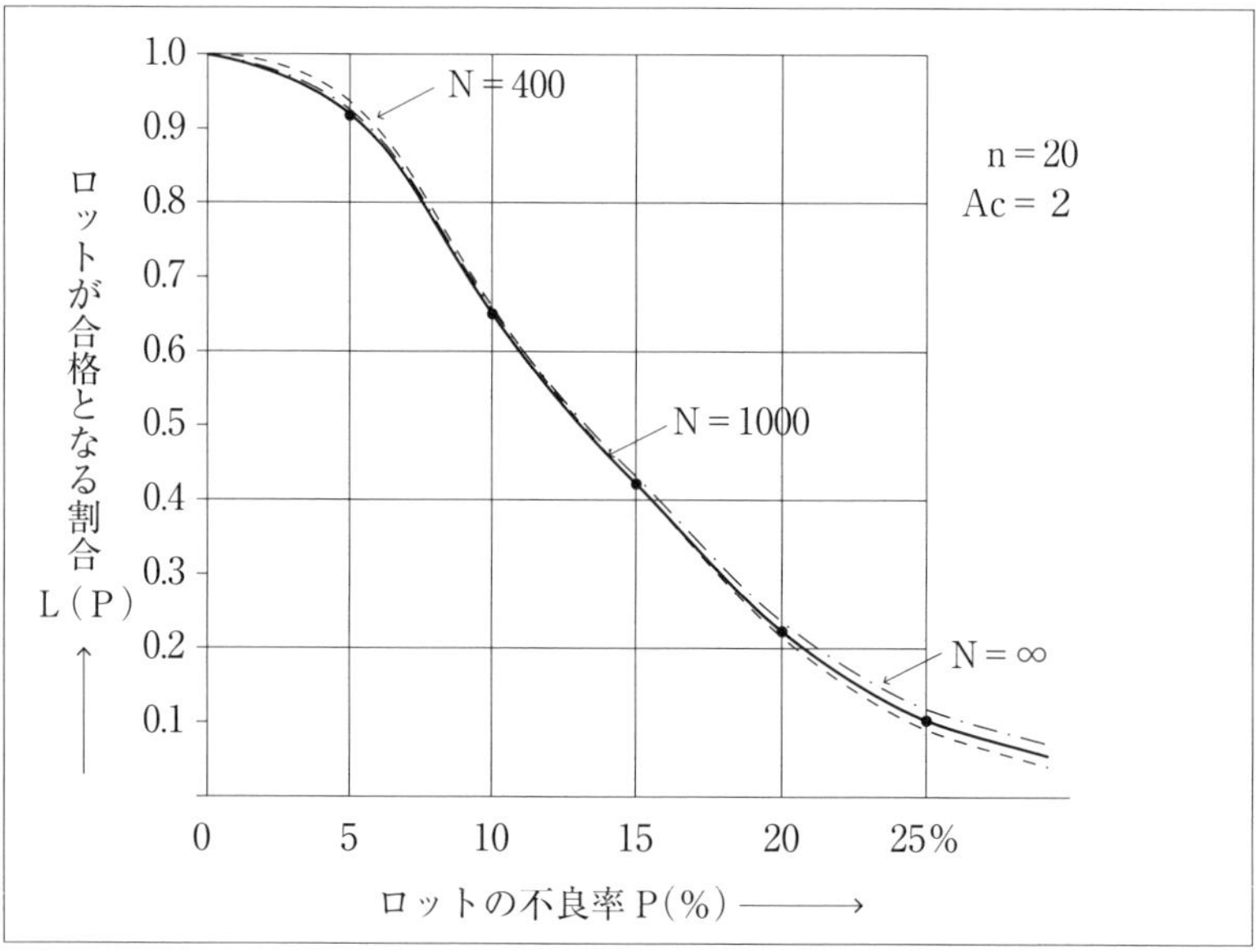

図4－4　n、Acが一定の合格率

この特性は一定のロットに対しnを大きくすると不良ロットを誤って合格にすることが少なくなり、nを小さくすると反対に合格率が大きくなることを示している。

次にnとAcを一定にしてロットの大きさNを４００、１０００、∞と変化させた場合、合格と判定する確率L（P）の特性は図４－４のようになる。

図４－４の特性はどんな大きなロットでも、サンプルの大きさをある程度大きくすれば合格判定にあまり変化をきたさないこと示している。すなわち合格判定に関してロットの大、小は、あまり問題とならず、このことは抜取検査方式においては重要な意味合いを持つことになる。これ以上の詳細については専門書を参考にされたい。

注：ランダム・サンプリング（randam sampling）とは２－２（４）(ii)で述べたほか、実用的には母集団から目隠しした人に抜き取ってもらうとか、あるいはアンケート調査票を抜き取る場合は、全体を裏に向けてシャッフルして抜き取る、調査票を放り投げて必要な数だけ拾い上げてもほぼランダムに近いとされている。

４－３　ＷＱＣにおけるサンプル調査

前４－２項は製品の分野で扱う特性であるが、ＷＱＣの分野で扱う一般的なサンプル調査は、どの様に考えたらよいのであろうか。サンプルからの情報は、調査の対象となる母集団についての情報を得て、母集団に何らかのアクションを加えようとするものである。サンプル調査である限り常にその情報の確かさが問題となることは言うまでもない。

しかしＷＱＣの分野では、サンプル調査の過誤が問題となるようなことは少ないと考えられる。それよりも、やたら調査に時間をかけ、１ヶ月も２ヶ月も空費している愚を見かけることがある。目的によって調査項目とサンプル数を工夫しなければならない。

（１）サンプル数とその確かさ

サンプル数とその確かさについては、いろいろ統計的なアプローチはあると思うが、身近な例でその確かさを紹介しておこう。

ある特性が正規分布N（X、σ）（注）である母集団があるとする。この母集団から任意のサンプルを抽出したサンプルの集合の分布も、また正規分布することは判っているので、

たとえば、母集団から抽出した平均値は X＝Xn で、それを中心に $\sigma/\sqrt{n}$ の広がりをもつこととなる。これを図示すれば図4－5のようになる。

すなわちnを25個とれば1／5に、100個とれば1／10に、400個とれば1／20にと値は小さくなり、確かさが向上していくことを示している。

たとえば顧客へのアンケート調査などで、数千に及ぶサンプルを採って、時間をかけて分析しているのをよく見かけるが、大体100枚もあればその内容はつかめるはずである。統計的には300もあれば、その平均値を取った数値は5・8％の誤差の範囲に入っているので、実用上それほど誤った判断はしないはずである。300枚の上に、もう1枚カードを追加してもその影響は0・03％ぐらいであるので、仮に400枚にしてみても5％と、それ程確かさが変わるものでもない。

サンプル1つで甲乙を判断するのは不可能だが、9個あれば60％、16個あれば75％の確かさが得られることを、よく知っておきたいものである。

ただし調査の範囲が広い場合には、層別することが重要なカギとなるので、なんでも300枚とは限らないことに注意を要する。

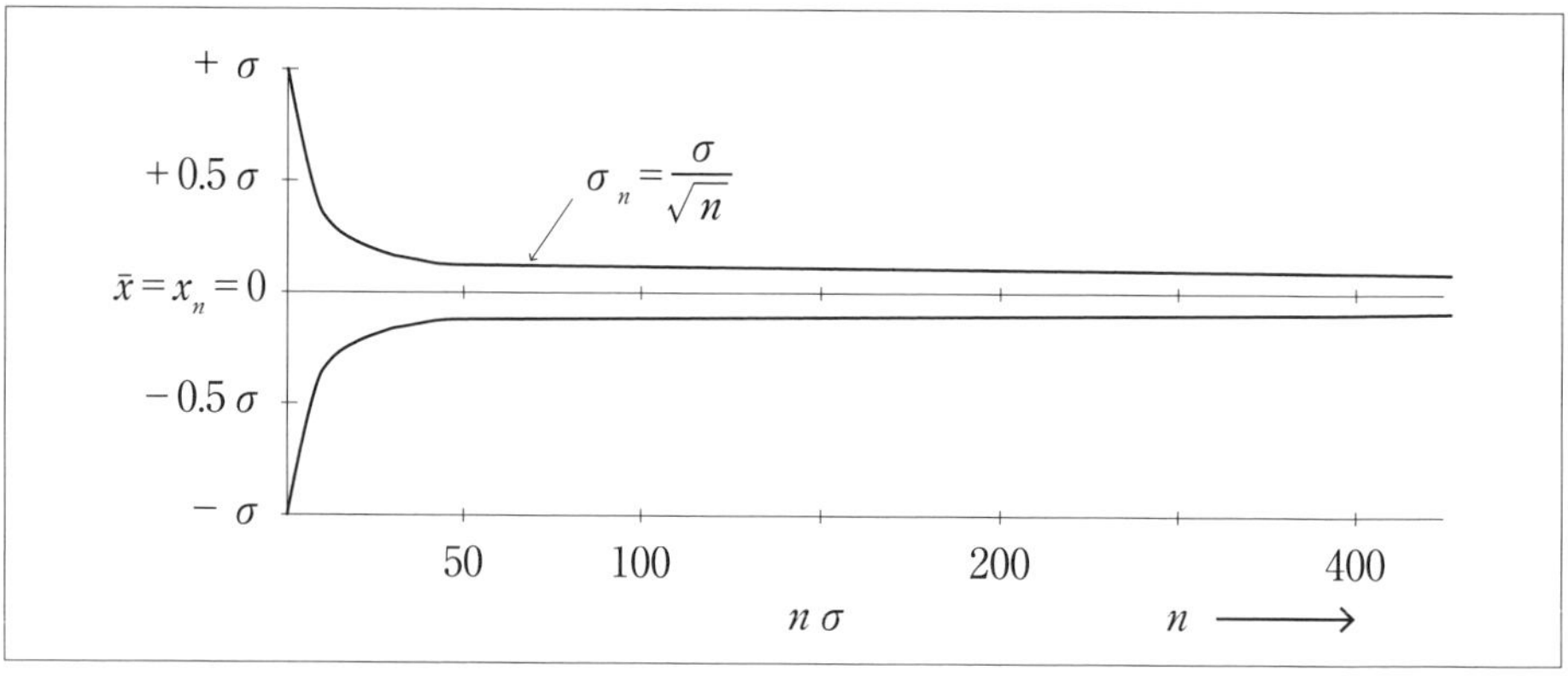

図4－5　サンプル数nとσの関係

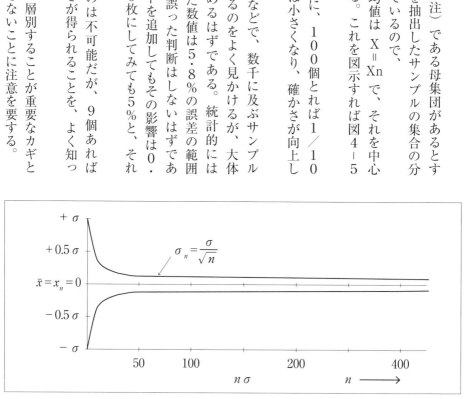

テレビのクイズ番組で、サラリーマン１００人に仕事の前に何をするか、あるいはＯＬ１００人に朝食の種類を聞いた結果が、もっともらしいことに気付くであろう。これはサラリーマンの日常の一場面とか、ＯＬの一事象といった具合に、非常に狭い範囲に層別されているからである。

注：正規分布では平均値Ｘと標準偏差σを与えれば、その特性が定まるので一般にＮ（Ｘ、σ）で表す。

その分布をＮ（Ｘ、σ）とすると次式が成立する。

$$\sigma_n = \sigma\sqrt{n}$$

すなわち母集団から抽出したサンプル数の平方根に反比例して、サンプル集合のバラツキが小さくなることを示し、それによって確かさが増しているともいえるのである。

（２）サンプリングと層別

サンプルには、任意性がないと母集団を代表する物とは言いがたい。任意性を保証するためには無作為抽出、いわゆるランダム・サンプリングでなければならない。これは母集団のすべての因子を備えた小母集団でなければ、観測値に誤差を生じるからである。

次に重要なことは、的確に層別されているかということである。たとえば事故を分析する場合、屋内作業と屋外作業とでは、あまりにも現象が違いすぎて結果がぼやけてしまう。また屋外でも高所作業とマンホール作業とでは、その性質が異なる故に、対策のポイントも非常に違ったものになるはずである。故障の分析でも屋内と屋外では、あまりにも態様が違いすぎるであろう。

層別には母集団そのものを、なるべく均一にして類似な事象にすることである。また母集団の層別が不可能な場合は、サンプルや調査結果を層別して分析することも出来るが、それぞれ調査のやり方が違ってくるので、段取り良くサンプリングの設計を行うことが必要である。

（３）ワースト・ベストサンプリング

これはゴム線束の製品検査からヒントを得たことがらである。そのときの検査項目で、一束の長さを測る検査項目の場合、重量の軽い順に、幾つかの単位体を検査して合否を判断すればよい。

各現場の作業の改善を目的とした調査で、サンプルの分布を調べる場合、ワーストな現場とベストな現場を数箇所、徹底的に調べてみる方法が効率的であることが判る。ワースト現場は当然改善を目的に調査するのであるが、これと同時に成績の良い現場においても、その仕事の出来栄えの状態を調べることは、非常に参考となる事項が多いはずである。これも一種の層別サンプリング法といえないだろうか。

（4）統計的な数値の表し方

たとえば多数の人を対象に市場調査やアンケート調査をした場合、回収された300枚の調査票の分析結果として、00・0％というように小数点以下の数値をもっともらしく並べている報告書を見ることがあるが、統計量としてこの小数点以下の数値に意味合いがあるかどうか、疑問に思うときがある。なるほど300枚の中に55件あればその占める割合は55／300＝18・3％に違いないが、これは計算上そうなるということで、小数点以下の0・3％に特に意味があるものでもない。むしろ他のデータと比較するのは18％で十分意味の通ずるところである。

ある大学の教授が某雑誌に「日本人の価値観」という標題で国際機関が発表した表4－3のごとく統計データを引用していた。テーマは「あなたは最近、自分に自信がなくなったことがあるか」という質問に対して、五つの選択肢のうち「時々あった」「よくあった」「かなりよくあった」を選んだ人の割合を国別に引用した数値である。

調査対象29カ国中日本がトップで米国が24位、この差は明らかに国民性に由来している。英国では「自慢をするな」という言い回しに対して、米国では「自慢しないと、他人は褒めてくれないよ」という言い回しのほうが好まれると聞く。謙譲を美徳として重んじる国ほど自信をなくしてい

順位	国	比率（％）
1	日本	39.4
2	英国	36.1
3	韓国	32.7
4	トルコ	32.3
5	ベルギー	32.1
6	ポルトガル	31.7
7	オーストラリア	314
8	ロシア	30.9
9	チリー	30.2
10	フランス	30.1
⋮		
24	米国	19.7
⋮		

表4－3

る人が多いというのは興味深い事実である。

しかしここで言いたいのは、この各国の比較において順位はよいとして、比率の欄の小数点以下の数値の表現に意味があるかどうかである。

第5章　信頼性の考え方

本章の信頼性については、ＷＱＣの手法と直接関係するものではないが、次章のＷＱＣの具体例として述べる、設備の保全管理方式を理解するうえで、切っても切れない関係にあるので、ここで取り上げることにした。なお本章は統計的手法の応用例として理解が深まるので大いに参考にしていただきたい。

信頼性の定義にはいろいろあるが、一般的な定義では「装置やシステムが与えられた条件の下で、与えられた期間中、意図された機能を遂行する確率である」とされている。言いかえれば、信頼性は一つの品質特性（指定の時間に対する性能を満足させる確率）であると考えられるので、ＱＣと同様な統計的手法の範疇であると言える。

いろいろな設備（機械、トンネル、自転車など寿命のあるもの全ての装置）の保全方式を検討するに当たって、信頼性の考え方が重要なポイントとなるので以下にその概要を述べる。

5－1　信頼性と故障率

対象としている装置が規定された機能どおり動作している確率を信頼度（reliability）と呼んでいる。逆に規定された機能を失っている状態が故障である。通常新しく導入された装置は１００％規定された機能を持っており、時間とともに故障となる設備あるいは部品が増加して、最後はすべて故障に至ると考えられる。これが装置の寿命である。

装置の使用時間をｔ（時間）としたときの信頼度をＲ（ｔ）とする。ここでＲ（ｔ）の値は故障していない正常な機能をもっている割合であるから、例えばＲ（ｔ）が０・７であるということは、設備全体の７０％は故障していないことを表す。

またＦ（ｔ）＝１－Ｒ（ｔ）で与えられるＦ（ｔ）は、使用時間ｔまでに設備全体の中で故障している設備の割合であり、これを不信頼度または故障率と呼んでいる。

たとえばあるサイクリング場で、同じ自転車を１００台購入し、人に貸し出したとする。２年目ごろから故障が出始め、故障した自転車を修理をしないで丁度３年が過ぎた時点で全体を集計したら、使用可能なものが６５台あったとすると、この自転車全体の３年目の信頼度Ｒ（３年）＝０・６５で、故障率Ｆ（３年）＝１－０・６５＝０・３５となる。

故障率を主体に信頼性を表すと囲５－１となる。

この信頼性を別の見方でとらえると、たとえば現時点で１０００台（Ｎ）の電話機が稼働していて、任意の一年間（Δt）に８０台が故障したとすれば、故障率は８０／１０００（台／年・電話機）＝０・０８／（台／年・電話機）となる。

これを（１００台・月当たり）で表すと、０・６６／（１００台・月）となる。またこれを１台の電話機が故障する確率でみると、１台／（１２・６年・電話機）となり、電話機１台毎でみると平均で１２・６年に１回の故障率となる。これを信頼性ではＭＴＴＦ(mean time to failure 故障する平均時間)と名づけている。

Ｎ個の機器が同時に使用を開始し、任意の時間ｔまでに故障した機器の数をｎ（ｔ）であらわすと

故障率Ｆ（ｔ）＝ｎ（ｔ）／Ｎ

残存率Ｒ（ｔ）＝Ｎ－ｎ（ｔ）／Ｎ

＝１－Ｆ（ｔ）

ここで残存率Ｒ（ｔ）は先に述べた信頼度と同一のものである

囲５－１

在る時点（年間）の故障数Ｆ（Δt）を1000台の電話機が稼働している80台が故障したとする

Ｆ（Δt）＝80／1000・年

＝0.66／１台・月

電話機１台毎の年間故障率は0.66／台・月個となる

またこれを１電話機毎の故障率に注目すると

0.66×100／12年＝12.6／年・電話機→MTTF

囲５－２　ＭＴＴＦの説明

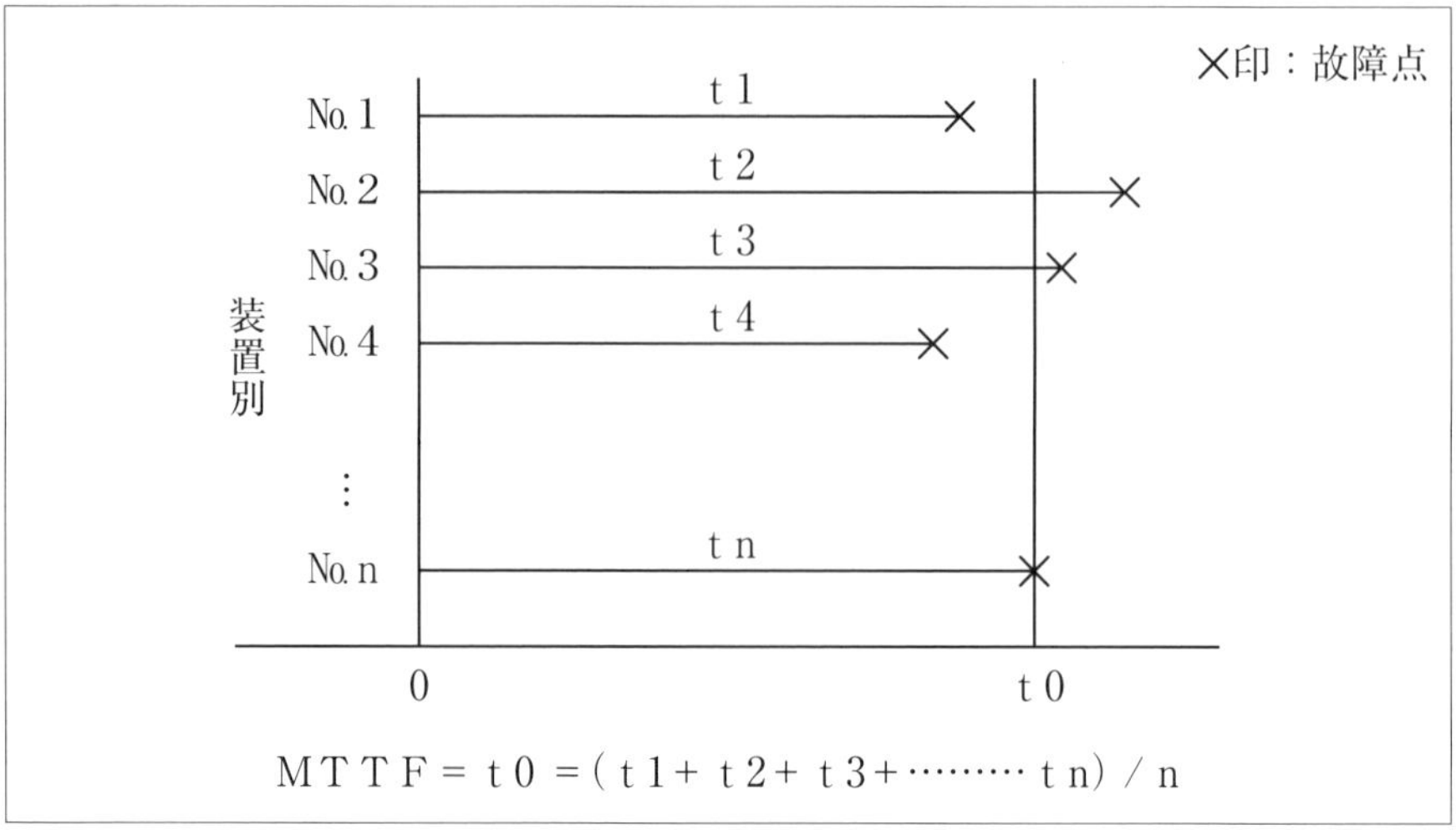

図５－１　ＭＴＴＦの説明

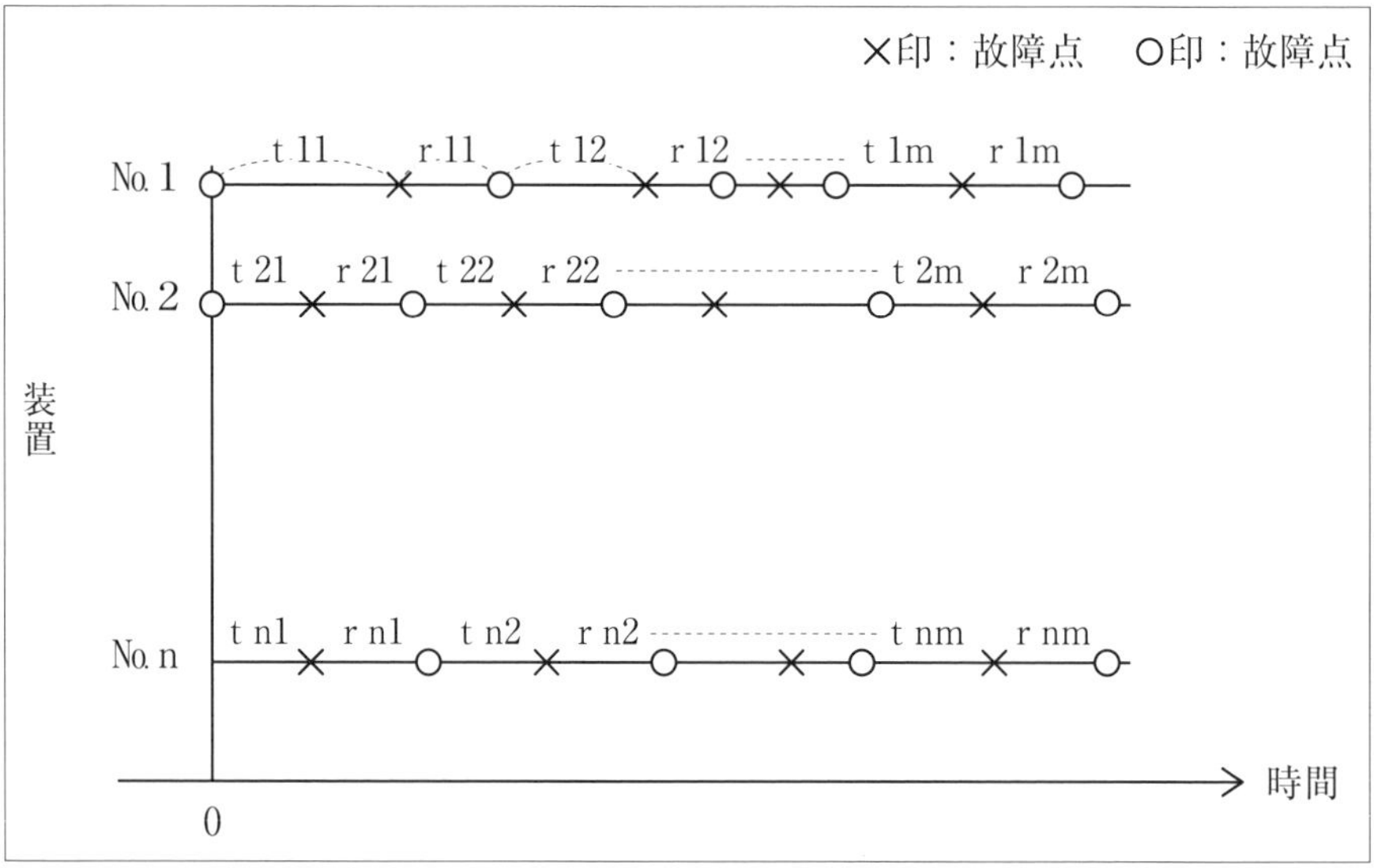

図５－２　ＭＴＢＦとＭＴＴＲの関係

（囲５－２参照）

一般的に故障修理や取替えに時間がかかる大型装置の場合は、実際に稼働している時間の割合、すなわち稼働性（availability）が重要な要素となるので、ＭＴＢＦ（mean time between failure：平均故障間隔）を使う場合が多い。

ＭＴＴＦを図で説明すると図５－１のとおりである。ここで縦軸は装置のナンバーで、ｔは稼働時間である。すなわちＮｏ．１の装置がt_1時間後に故障し、Ｎｏ．２、Ｎｏ．３……Ｎｏ．ｎの装置がt_n時間後に故障したことを表している。

次にＭＴＢＦとＭＴＴＲ（mean time to repair 平均修理時間）の関係を示すと図５－２のようになる。ｒは修理時間である。

囲５－２記事の意味するところは、装置Ｎｏ．１についてｔ１１時間稼動してｘ点で故障となり、これを修理するのにｒ１１時間かかって、○点において再稼動したことを表している。同じく○点からｔ１２時間正常に運転してｘ点で故障し、その修理（休止）にｒ１２時間を要したことを表している。以下Ｎｏ．２装置についても同じである。

稼働性はつぎのように表せる。

稼働性＝ＭＴＢＦ／（ＭＴＢＦ＋ＭＴＴＲ）

なおこれらの数値はいずれもバラツキをもち、分布する数値である。

５－２　故障率とバスタブ曲線

いろいろな装置や機械、あるいはその他部品類ついて、その個々の使用時間に関する故障率を調べてみると、図５－３のような傾向の曲線を描くと言われている。

新しく（ｔ＝０）導入された装置は１００％規定どおりの機能で動作しているが、時間（ｔ）の経過とともに故障が発生する。故障した物は直ちに修復するとして、t_1までは故障率は減少傾向を示す（初期故障期）。

t_1を過ぎると安定した故障率で推移し（偶発故障期）、t_2に至って故障率が増加傾向に転じ（劣化故障期）、次第に修復費用が嵩み最終的に耐用寿命が尽き、使用不能になってしまう。これがいわゆる故障率のバスタブ曲線である。

なお故障の性質としては、①〜③までの区間を、初期故障期を含めて突発故障といい、③〜④までを劣化故障ともいう。ここで注意しなければならないのは、使用時間と故障率は、いずれも大数を原理とした統計的な見方であるということである。

5－3　故障の予知

一般的に①〜③の突発故障の予知は非常に困難とされているが、③〜④の劣化故障については、保全方式の工夫次第で、ある程度の予知は可能である。

では、劣化故障の予知について考えてみよう。ある設備群の故障率はＭＴＴＦ（故障するまでの平均時間）で表すことができると先に説明した。すなわち②〜③の偶発故障期のＭＴＴＦは長く安定しているが、逆に③〜④の劣化故障期のＭＴＴＦは短く不安定である。個々の設備が故障するまでの時間は、ＭＴＴＦを中心に正規分布するはずである。分布の形を知るには過去の故障データをプロットしてみれば、おおよその見当が付くはずである。

正規分布（Ｎ〈μ、σ〉）の形が決まれば、管理図で説明した如く管理限界を定めて、故障管理をすればよい。故障管理をするには

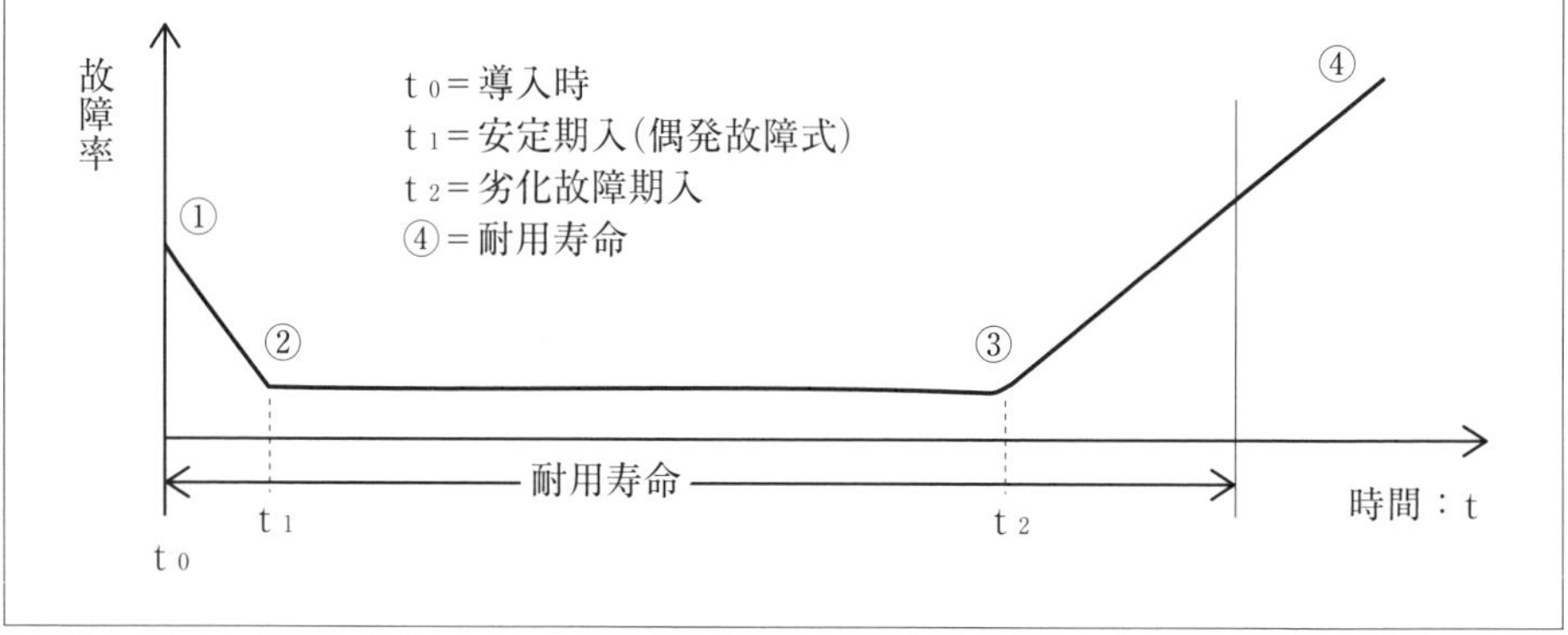

図５－３　故障率のバスタブ曲線

設備毎の故障履歴カードを作り、故障の都度、前回故障との時間間隔を確認して、この時間間隔が管理限界より出ていれば、当該設備は偶発故障期を過ぎて劣化故障期に突入していると判断し、普段の故障修理とは違うアクション、すなわちオーバーホールして劣化部品の取替えや、調整箇所の再調整するような、大掛かりな修理をする方式を取ればよい（図５－４参照）。この考え方を活用した具体的な保全方式については、第８章「設備の保全とＷＱＣ」で述べる。

５－４　故障率とＭＴＴＦ

図５－３や図５－４の特性は、何れも大数の原理による統計的な数値で、いわば大数の中から統計的に処理すれば、おおむねこのような特性を示す傾向にあるという程度だということは先に述べた。図５－４の点③－１、③－２、③－３の変曲点も、図の如く鮮明に確認できるものではない。半年や１年程度の短い時間では、変化が認められない程緩慢なものである。

連続して使用している装置の故障率の一般的な表し方として、ロットに対する一定期間の故障件数で表す場合が多いが、別の方法として、運転開始から故障にいたるまで、あるいは故障を修理して、次の故障が発生するまでの平均時間で表すことも可能である。これがＭＴＴＦである。

つまり故障率を表すのに、故障件数を変数として表現するもの

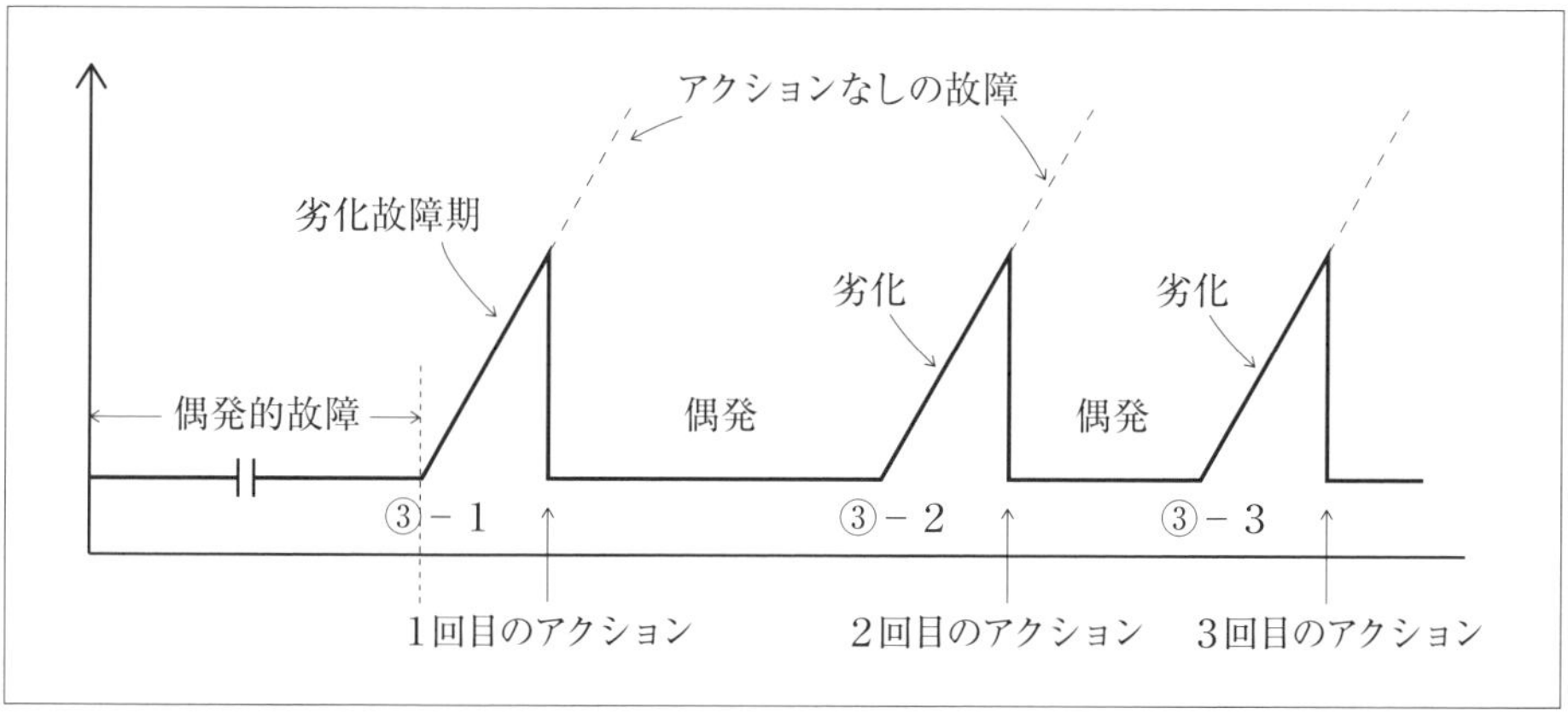

図５－４　アクション付き故障率曲線

ＭＴＴＦで表すものとがあり、両者はまったく同じものであるといえる。ＭＴＴＦで表す故障率でも、バスタブ曲線での偶発故障期はＭＴＴＦが長い時間で安定しており、③の編曲点を過ぎる頃から次第にＭＴＴＦが短くなってくる。これを相対的に故障率が変化した、あるいは故障率が高くなったと言っている。

第6章　品質保証とチェッカー（チェックと品質保証）

本章では、品質第一主義の経営、あるいは全社的品質管理の真髄をなす品質保証（QA: Quality Assurance）について述べる。またその手法を製造業以外の各事業団体が行うべき仕事の出来栄え保証と、それぞれのチェックとの関係についてその機能と方法論について述べる。

ここで言うチェック（Check）とは、全てのプロセス管理に用いられる管理サークルＰ・Ｄ・Ｃ・Ａ上のＣの機能研究であり、管理サークルをスムーズに回転させるとともに、品質保証のレベルを判定する重要な項目である。

国家の予算執行に関する出来栄え保証や、公社・会社の監査役及び国の許認可に係る出来栄え保証については問題の提起を行うのみとなった。この提起について大学や研究所にて具体的な方法論を確立してもらいたい。

6－1　品質保証

品質保証とは、狭義には、自社の客向仕様以外の製品やサービスを客先に提供しないということである。これはあくまでも企業目線の品質保証であって、客先目線の品質保証となると、もっと広範囲の各部門のＱＣを統合することになる。すなわち製品の寿命（信頼性）、取り扱いの利便性及びコストなどは製造工程で決定できないので、トップの主導するＴＱＣの出番となることは、これまで縷《る》縷《る》述べてきたところであり、これらは広義の品質保証といえる。

あえて、石川教授の提唱する品質保証の定義を上げると、「消費者が安心して、満足して買うことができ、あるいは利用でき、それを使用して安心感、満足感を持ち、しかも長く使用することができる製品・サービスの品質を保証すること」である。

仕事の出来栄え保証は顧客が満足するサービス（役務など）を間違いなく完遂することである。品質保証の責任は生産者にある。生産者には、消費者にその製品の品質やサービス内容を満足させるという責任がある。協力企業であれば、納入者に品質保証の責任がある。建設・サービス業についても、それを遂行する事業主体にあることは言をまたない。これを企業内で見れば、品質保証の責任は、企画部門、設計部門、生産部門にあるということである。検査部門にはない。誤解されやすいところだが、検査部門は、消費者の立場に立って品質をチェックするのであって、品質保証の責任があるわけではない。その昔は、検査部門で全数をチェックして品質保証を行っていたが、それは古い考え方である。

製造業における品質保証の実務は、一般的には品質保証部という組織が実行し、ロット単位に統計的抜取検査方式により評価することになっている。この評価基準については、必ず会社毎の標準が用意されていて不合格ロットは出荷できないことになっているばかりでなく、不良事項については徹底した原因究明と再発防止対策を行うことになる。

不良事項の原因究明と再発防止対策によって製造業の管理サークルをまわし、出荷品の不良率を極めて小さくすることは出来るけれども、ゼロにすることは不可能であるので、稀に消費者の手元に悪いものが届いたという場合、すなわち消費者に不満・苦情があったときに、品質保証という立場から、直ちに消費者の苦情を解消すべく、取替え、修理を実行することである。以上が製品に関する品質保証である。

製造業以外の事務処理サービスの品質保証および官の許認可に関する仕事の出来栄え保証は如何にあるべきかも重要な課題である。

6－2　出来栄え保証

本書において、これまで述べてきた仕事の出来栄え管理（ＷＱＣ）における出来栄え保証とはどのように捉えたらよいのであろうか。

建築や建設工事など大型プロジェクトについては、大きい単位体を層別して適宜に分割すれば製品として取り扱える。交通・運輸業では利用者に安定した好ましいサービスを提供することである。銀行や役所などの各種届出や事務手続き、病院での診療などにおいては、正確で間違いを起こさないことと顧客を待たせないことである。

一般に来客やサービスの需要にはバラツキがあるので、実務的には待ち時間をゼロにすることは、不可能であり、合理性を欠くので、事業体トップの決定する方針や品質レベルに従うこととなる。

事業体としてのサービスレベルが決まれば、全組織の仕事の目標が定まり、それに則ってマニュアルが制定され、工程（プロセス）が設定されることになる。ここまでは製品製造業と考え方は同じである。

しかしながら事業体の工程能力の評価、すなわち出来栄え保証の機能と方法論については、現在のところ社会的な規範は存在せず、経営的な定説も無い。たとえば後述する国家予算の執行評価や、医療費等公金支出の出来栄え保証の定説は存在しない。また各省庁の許認可業務の出来栄保証は今後の大きな課題といえる。

〔閑話休題〕

ＰＤＣＡの管理サークルは、わが国のＱＣ導入時期においてはデミング博士の提唱する管理サークルで、ＰＤＳＡと言っていた。いわゆるＣとＳの違いである。Ｃは「Check」でＳは「See」を表わす。わが国では「See」は「Look」同じく単に「見る」と訳するので、管理サークルに使用するには、「See」では意味が中途半端で奥行きがなさ過ぎるとされた。そこで「See」を「Check」に訂正され標準化された経緯がある。

ここで用語の論争をするつもりはないが、「Check」は「たしかめる、検査する、確認する」、いわゆる見本と照合するという意味合いが強く、一方「See」には、同じ「見る」でも「Look」とは違って「考える、理解する、よく見る、将来を予測する」という深い意味合いがあるので、今でも筆者は「Check」に馴染めないでいる一人である。

6－3　事業運営のチェッカー

ここで事業運営におけるチェッカーの機能と役割について見てみよう。

チェッカーの最大・最強の権限をもつ機関は、憲法で義務づけられている国の会計検査院である。そして最小規模の機能は同好会や町内会などの各グループ組織の会計報告に関する監査役である。

その中間に位置づけられているのが、公社法及び商法で規定されている監査役の任命制度である。また各省庁や地方自治体が、国民の社会経済活動において法律及び政令でもって規定している各種許認可行為、運転免許や教職員免許などの免許制度、車検や運送法の重量検査などがある。また捜査権を持つ警察なども社会生活の安全と犯罪防止という機能から見て、出来栄え保証を司るチェッカーの位置づけであるとみなせよう。

(i)　公社や株式会社の例

昔筆者が電電公社に勤務していた頃、本社に監査局という組織があった。分掌は予算執行の監査と組織内の訴訟案件の処理を担当していたと記憶している。広義に役割を見れば、公社業務の出来栄え保証の役割を担っているように思えるが、その機能的定説は皆無であった。年間計画を立て何箇所かの下部機関に出向き、業務監査を実施し、多少のお土産を持ち帰って講評に入れる程度で、事業の改善に役立っているようには見えなかった。現在の会計検査院のやり方と大同小異である。

株式会社においても、新聞紙上で見るかぎりにおいては公社の例と大同小異で、重役会のメンバーとして存在するが、会社のモラルとか出来栄え保証のチェッカーの役割を果たしているようには見えない。むしろ会社の財務諸表の出来栄え保証は外部の公認会計士による監査が義務付けられているのである。これは別の規律でもって規定されている。

このように、法律で定めた公社や株式会社の監査役の配置は、会計検査院と同様に旧態のまま、全く進歩が見られない。

(ii) 医療保険等公金支出の一例

数年前の夜中に３９度超の発熱に襲われ、大学病院の救命救急センターに行って種々検査をしてもらった。その結果担当医の指示により翌日早速に入院することになった。最初は大部屋であったが、午後になって急遽ベッドごと、個室に移動させられた。主治医の説明では「診断の結果肺結核を発症しており、当病院には隔離病棟がないので昨日臨時に隔離しました。明日転院をお願いすることになりました」とのこと。経過の詳細は省略するが、後日2泊3日の入院にしては高額の請求書が来た。支払いは済ませたが、3割負担にしても今回の入院費に疑問を抱いたので、当病院に確認したが間違いはなく、診療明細を一目見ただけでチェッカーの姿勢は全くなかった。その後区役所の福祉部と県の医療保険事務所に同様の質問を繰りかえしたが、取り上げる雰囲気ではなかった。何を言いたいかといえば、主管庁である厚生労働省の、病院に対する医療費のチェック体制に疑問を持ったということである。ＷＱＣの知見からは、利用者からの苦情は、コストのかからない品質情報であるので、真摯にこの苦情を活用することが重要であるとの認識が全くないのである。

(iii) 会計検査院の例

新聞で報道された会計検査院の指摘事項の一例について述べると、日本中央競馬会（ＪＲＡ）が、所属する騎手に対し、レース後のタクシーによる帰宅費用を負担しているのは不適切だとして、ＪＲＡに改めるよう求めた。また、レース前夜、公正を期すため、外部との接触を避けるためとして、金沢から滋賀県栗東市までのタクシー代6万円を支給していたという無駄を指摘して、2年間で３６００万円を節約したとある。

また同検査院報告では、下水処理施設の作りすぎとして全国市町村の８９箇所を指摘し、国の補助金２５０億円の節約を指導したとある。

会計検査報告書を全部述べるわけにはいかないが、概して検査院が年間何箇所検査して×××億円の無駄使いを指摘した。ということの羅列である。この由来は、憲法第９０条「国の収支決算は、検査院が検査し、内閣は次年度の国会に報告する」とあり、これを受けて会計検査院法の第２０条「国の収支決算を検査し、会計経理を監督し、その適正を期し、是正する」として内閣とは独立した権限を与えられている。したがって百数十兆円に及ぶ国税に係る各省庁の仕事に関する出来栄え保証上のチェッカーの役割は、それ程果たされているとはいえない。公社法ならびに商法に規定されている監査役の設置についても、その主たる機能と業務は会計検査院と二重写しで、自主的な事業の出来栄え保証にいたる監査を果たしているとはいえないのが実体である。

むしろ先のＪＲＡのタクシー代の不正使用ならびに下水処理施設の無駄支出などは、その実施監督省庁が行うべき出来栄え保証の仕事であると思えるが、不思議なことに残念ながら、これほど大きな国家予算を使用する各省庁にも、自身が管轄する仕事の出来栄え保証のチェッカー機能は皆無で、すべてが会計検査院に任されているのが現実である。近代国家において、このような大陸思想に基づく官吏の性善説が、まかりとおっていることに、強く不信を抱くものである。

(iv) 議会議員の政務活動費の例

最近社会を賑わしているものに議会議員の政務活動費の支出問題がある。記者会見で号泣して訴えた議員は、年間日帰り出張３４５回、約８００万円の支出証明ができず議員を辞職させられた。他の議員の不可解な支出についても毎日の如くＴＶで批判報道が取り上げられている。いわゆる公金の私物化である。

この案件は、個室持ち団体役員経験者ならほとんどの人が経験しているところの飲みニケーション費、いわゆる交際費である。交際費で自分の部下とおおっぴらに飲み食いすることは許されないが、ある程度限度を超えなければ、経理担当の魚心により、おおめに見るのが世間常識となっている。この交際費に相当するのが議員の政務活動費で、ある限度額までは領収書も不要であったが、税金の使途に交際費を認めるわけにはいかないとの大合唱により、現在の領収書の提出が義務付けられた経緯がある。

いずれにしてもこの議員の政務活動費の問題は、一地方議員に留まらず国会議員においても叩けばほこりの出るところ、ＴＶに出演する議員のいまひとつ真剣みのなさと歯切れの悪さが見え隠れしているところである。

これらの仕事の出来栄え保証を何処が行えばよいかといえば、筆者は議会議長に監査権限を与えるのがよいと考える。全議員の全支出項目を検査するのは、稼動力の点で不可能であるので、抜き取り検査のルールを取り決めて公表し、数人の議員の支出を監査することで、全ての議員に刺激を与え自己改善ができようになる。このことは「ＱＣの小史」で述べておいた通りである。

(v) 公務員の出来栄え保証

国家公務員は法律を作って行政指導するのが主たる仕事であるが、法律のフォローに多くの問題を抱えているのが現実である。社会福祉の案件で、生活苦に耐えかねての自死、孤独死が発生している。また逆に長期不正受給で、詐欺横領罪に問われたり、児童虐待容疑で逮捕される事件が毎日のように報道されている。この問題を解決するため、厚労省の指導力と地方自治体の出来栄え保証に期待するものである。例えば、民生委員の監査方法の工夫と、警察署の住民情報の入手と結合により、あるいはまた生活必需品（電気、ガス、水道の使用状況）のデータでよりきめ細かな出来栄え保証が可能である。最もこの民生委員個人の出来栄え保証も必要となる。

(vi) 許認可の出来栄え保証

官庁公務員の出す許認可の問題で、高速バスの事故や食品衛生上の事故、最近の新聞に「マッサージの資格のない施術所による健康被害」の相談が相次いでいるという記事があった。

マッサージの資格には、「あん摩マッサージ指圧師、はり師、きゅう師法」に基づき、国が認定した施設で解剖学などの必要な知識を3年以上学び、国家試験に合格した人に免許が与えられる。施術所を開設した場合、１０日以内に場所や施術者の氏名などを自治体に届け出なければならない。無免許、無届けで開業した場合はそれぞれ罰金を科すとある。

この届出を受理した自治体は、各省庁が定めた所定のルールに従って書類審査と現地調査を行って、合格した事業所には許認可を付与することになる。だが、その後のフォローは全くなく、一般的に各省庁は許認可の出しっぱなしで、事故等の責任は、全面的に当該事業所にあることになっている。

この考え方は本書のＷＱＣにおいては不十分といわざるを得ない。ある期間、認可事項のフォローを実行して、仕事の出来栄えが安定したことを確認して初めて当該者に出来栄え保証の全責任を負わせることができる。

一般的に多くの許認可事業所の Check は稼動的に不可能であると考えられるが、出来栄え保証に関しては何らかのCheckが必要であるのが常識である。

いずれにしても「まえがき」の前段で述べた警察署長がいみじくも言った如く、交通安全整理の巡査を交通要所にランダムに立たせる行為（広義の交通安全監査）を「えげつない行為」と蔑んでいる間は、抜き取り検査の効用は理解できないところである。サービス及び法律行為の出来栄え保証には、抜き取り検査方式のチェッカーの存在が重要な位置づけとなるので、本書で述べたＷＱＣの考えを十分に理解して、各部署に導入していただきたい。

新聞ニュースであるが、ある食品会社が賞味期限の「年月日表示」を「年月表示」に変更すると発表した。生鮮食品以外の食品にも製造月日及び賞味期限の表示が義務付けられているが、最近の食品保存技術の進歩で冷凍食品は勿論のこと、調味料やレトルト食品（生食以外）などは数ヶ月から1年以上保存ができる物が多くなってきている。当然にこれらの食品の賞味期限は月単位であってしかるべきなのに、何故に今日まで日単位になっているのか。これとても、食品規制官庁に品質保証に関するチェッカー機能があれば、容易に発見できたはずである。ここでのチェッカーは不正の是正だけでなく、広義の品質保証という見地からの監査である。当然マニュアル化され抜き取り方式による少量の稼動で十分に情報が得られるはずである。悪を暴き是正する監査と品質保証のチェッカーが行う評価との相違点を、よくよく理解していただきたいのである。

(vii) 免許と出来栄え保証

前項のマッサージ資格免許をはじめ、美容・理髪師、普通車・特殊車の運転士、教職員、栄養士及び一級建築士等々、多種多様の免許がある。先の許認可と同様に所管する省庁において、資格試験に合格した者に免許が授与され、社会的に不祥事を起こせばこの免許を取り消すことができるようになっている。しかし免許証の取り消しはそれ程簡単ではない。先のマッサージ記事の続報であるが、「全身マッサージを受け、肋骨を骨折した」あるいは「歩行困難になった」と言ったような相談が、国民センターに多数寄せられた。そこで厚生省が動いた。マッサージ施術所は全国で４４０箇所あって、そのうちの３３０箇所が無免許施術所であったという。記事の詳細は省略するが、被害と施術所の特定ができず、これ以上の調査が難航している、と結んでいる。

免許制度は個人に対する永久資格で、所持者が返納しないかぎり失効しない性質のものなので、授与した省庁といえども人権上剥奪することはそれ程簡単なことではない。

免許とチェッカーは、剥奪は別途考えることにしても各省庁の所管事項である。これの出来栄え保証の必要性については世間に問うだけにしておきたい。

６－４　抜取検査

チェッカーの具体的な最大の利用方法は抜取検査である。抜取検査は買い手と売り手の品質保証に活用される。最初は全数選別から始まり、品質改善が進み、途中標準化された抜取検査を経て、最終ステップでは表６－１のごとく無検査で受け入れるという経過をたどるのが一般的である。

ＱＣでいう検査の目的は、一般に良いものと悪いものとを選別して、良いものだけを選び出す作業であると単純に考えられやすいが、検査をどんなに厳重に行っても全部がよい物であるということにはならない。１０００分の1以下であるならばＱＣでは良好と認めている。

出来栄えの良し悪しは、検査で作るものではなく、あくまでもプロセスで作るものとしているが、しかしながらプロセスが理想的な状態であるかどうかを判定するにはやはり検査という行為（検収とかデータチェックを含む）が必要である。

売　　手			買　　手	
ステップ	製造部	検査部	検査部	製造部
1	・・・・	・・・	・・・	全数選別
2	・・・・	・・・	全数選別	
3	・・・・	全数選別	全数選別	
4	全数選別	全数選別	抜取検査	
5	工程管理	抜取検査	抜取検査	
6	工程管理	抜取検査	緩和検査	
7	工程管理	緩和検査	緩和検査	
8	工程管理	緩和検査	無検査	
9	工程管理	無検査	無検査	

表６－１　買手と売手の品質保証関係

これがプロセスと検査の関係である。
くどいようだが、検査の目的を要約すると次のようになる。
(i) 要求する品質すなわち定められた仕様。規格に合わないものは次の工程にあるいは使用者に出ていかないようにする。
(ii) 品質に関する情報を集める。この情報にはいい情報と悪い情報がある。
(iii) 検査をすることによって常に良好な物を提出する責任を与え、牽制し、品質向上の意欲を刺激する。
ここで(i)は買い手と売り手の損害を最小にするねらいがあり、(ii)と(iii)は検査の効果的機能を果たすねらいを持っている。すなわち(ii)は検査の働きに関する重要な情報で、結果が連続して良好ならば検査をより簡略化できる。またプロセスの異常もいち早く検知して、効果的な措置を促し、損害を最小限に食い止められる。また、必要以上の品質要求に対しては、プロセスの各部署にフィードバックしてコストの低減に役立てるとともに、さらに良い物を安く早く入手することのできる売り手を選別できる。
(iii)は、検査における刺激の効果である。相手がこちらの期待している品質よりも悪いものを提出した場合は、その中に良いものが多く含まれていても、全体を不合格にして返品する。依然として悪いものを出してくる業者に対しては、より厳しい検査を適用し、逆に連続して良いものを出す相手に対しては、検査の厳しさを緩和して合格しやすいようにしている。
なお抜取検査のサンプル理論については前章で述べた通りである。

第７章　事故分析と再発防止対策

本章は、これまで述べてきたＷＱＣ手法の総仕上げに位置し、前章のサンプリングとチェッカーによって工程の内容を調べ、問題点を抽出してその原因を分析し、再発防止対策を講ずるための最終章である。

さて、事故とは「思いがけず起こった悪いできごと」と辞書に説明されている。常識的には事故とは人身事故をさす場合が多いが、製品の不良品や欠点、建造物の欠陥、事務処理の不正や間違い、等々これらはすべて「思いがけずして起こった悪い出来ごと」ということにおいては共通しているばかりでなく、すべて仕事上の欠陥といえる。

これまで本書においてＱＣ手法の基礎的なことがらを縷縷《るる》述べてきたが、仕事の出来栄え管理を一言で表現し総括するならば、すべての仕事の工程（プロセス）から発生する事故や欠陥を解決するための管理手法であるといえる。ＴＱＣに至ってはこの事故の内容を広義に解釈して、事業運営に関する問題点の発掘と改善を図るための有効な手法として発展してきている。

デミング博士が提唱したデミングサークル（Ｐ・Ｄ・Ｃ・Ａの管理サークル）において、ＱＣの狙うところは「Ｃ：Check」の研究であるとし、如何にして有効な改善のアクションを生み出し、次の「Ｐ：Plan」に結合させるかが重要であるといった。これすなわち問題点の発掘と解決の手法であるといえる。

「Check」を成功させるためには先ず工程の実態把握が必要である。工程の中間で行うか、最終段階の出力で行うかは工程の内容によって決められるものであるが、全数「Check」は一般論ではないので、前章で述べたサンプリングの理論体系の理解が必要である。そして第６章で述べたチェッカーの機能とあわせ本章の原因分析と再発防止対策は、次の「Action」に結びつけるための、「Check」の全容解明である。

多忙で全部が読めない御仁でも、この章だけは読破していただき事故に対する再発防止対策の具体的実現の参考にしていただきたい。

ＱＣ七つ道具についても、欠陥や問題点の整理や実行の優先順位を決めるために有効な手段である。これも広義に見れば、事故分析の一貫であるとも言える。特に管理図は工程異常や品質規格からのはみ出しの発見に有効である。

以下それぞれについて事故分析との関係を述べる

7－1　QCと事故分析

QCの手法を概観してみると

(1) デミングサークル (P・D・C・Aの管理サークル)

1－6項で述べたごとく、仕事の内容が決まれば、計画(Plan)の段階は、「目的・目標を決める」と「その目的・目標を達成する組織や方法などを決める」という二つから構成される。また実施(Do)の段階は「実施のための準備、すなわち必要な設備や原材料を調達し、マニュアルを用意する」ことと「訓練した要員を投入して計画どおりの仕事をさせる」に分かれる。さらに(Check)の段階では実施の結果が事前に決めた目的・目標どおりであったかを評価する。そして(Action)の段階では、目的・目標と実施の結果の差に応じて措置をする。つまり、実施結果の差を問題点(不良、欠陥、事故、クレーム等)に置き換え、措置をするということで問題点を分析し、計画領域(Plan)の改善・改良につなげるのである。このエンドレスの輪がPDCA管理サークルである。

この管理サークルを円滑に回転させるための(C)と(A)のつなぎ目である「措置」と「分析」は何を指すのか、具体的に説明した書物はどこにもないのである。先の1－14項の「目標管理とQC」では、QCは「Check」の研究であると言ったが、正にQCは事故分析を最優先し、問題点の原因を究明して再発防止対策を提案することにある。

QCのプロはここに全勢力をつぎ込み、改善計画すなわち再発防止対策を具体的に提案し、実行することに苦心するのである。いやこれまで苦心してきたのである。

（２）統計的抜取検査

ＱＣの中心的手法である「抜取検査」の目的は、母集団の品質を評価するための方法論であり、いわゆるデータの集合（ロット）の評価を経済的に行おうという手法である。この評価には、優れている点の発見にも役立つが、ＱＣにおいては主として最終成果の品質保証と欠点の洗い出しにあるとし、この抽出した製品の品質、仕事の出来栄えの欠陥を俎上に上げて、徹底的に原因を究明して品質改善活動を継続していこうとするものである。

（３）ＱＣ七つ道具の活用

ＱＣ七つ道具について端的にいえば、欠陥を見つけ出し、その要因から仕事やシステムを改善していく狙いの手法であるといえる。

製品に関する欠陥は社内検査での不良品と客先からのクレームである。仕事の出来栄えに関する欠陥は、大小の事故やクレームによって現実のものとなる。ＱＣのプロは長年にわたってこの事故の原因を探求し、再発防止対策に苦心して改善に成功しているのである。この成果をＷＱＣにおいて導入し、理解を深めようというのが本章の主眼である。

７－２　事故の発生分布

事故の発生は常に一定ではなくバラツキを持っていることはすでに述べた。これは仕事の成果（規格）についてのバラツキである。製品であれば目標とする製品規格値に対するバラツキ、建造物や事務処理では目標とする出来栄えに対するバラツキといえよう。事故もこのバラツキの中に存在する。

事故についてのバラツキを管理し、分析するには数値化が必要である。製品の事故は不良率で数値化することはすでに述べた。仕事に対する事故の数値化は一般論で捉えることはなかなか難しそうに思えるが、ＷＱＣ的に解釈すればそれ程難しいことではない。例えば人身事故については事故率で表すのが一般的である。ただし母数を人数に置くとしても、起因する事故の態様は広範で複雑であることに注意しなければならない。

例えば交通事故でも自動車か、自転車か、あるいはまた歩行者の不注意か、性別や年齢に優位さがあるか等々態様は広範であるが、ＷＱＣの層別の手法を使えば、容易であることが理解できよう。

一般的に偶発的事象の分布は正規分布を取るといわれているので、事故もいろいろな偶発原因によって起きると考えれば、正規分布と考えてまず間違いはなかろう。例えば月々の事故発生件数を管理図にプロットしていくならば、図７－１の通りとなる。毎月のデータを３０ヶ月程度集計してみるとＮ（$\bar{\chi}$、σ）の正規分布をしていることになり、工程の変更がなければ月数を多く取るほど正規分布に近づくことも推定できる。

７－３　事故と工程能力

品質は工程能力によって決定付けられることはすでに述べた。仕事の出来栄えもまた同様と考えられるので、図７－１はその企業の事故管理に対する工程能力を示していることになる。事故を減少させるということは同図の平均値$\bar{\chi}$を下げるよう工程能力を変えなければならないことを意味している。

工程能力を変えるということは、工程全体に関わることで、製造設備はもちろん治工具や作業標準類も変更の対象になり、作業員の再教育も必要となる。そうして新しい規格で工程管理をしなければならない。このように工程能力を上げる活動は大変な事務なのである。

事故分析での事故防止対策は、組織の事故に対する工程能力を向上させることであるので、一部の人がポチポチやったのでは効果が上がらな

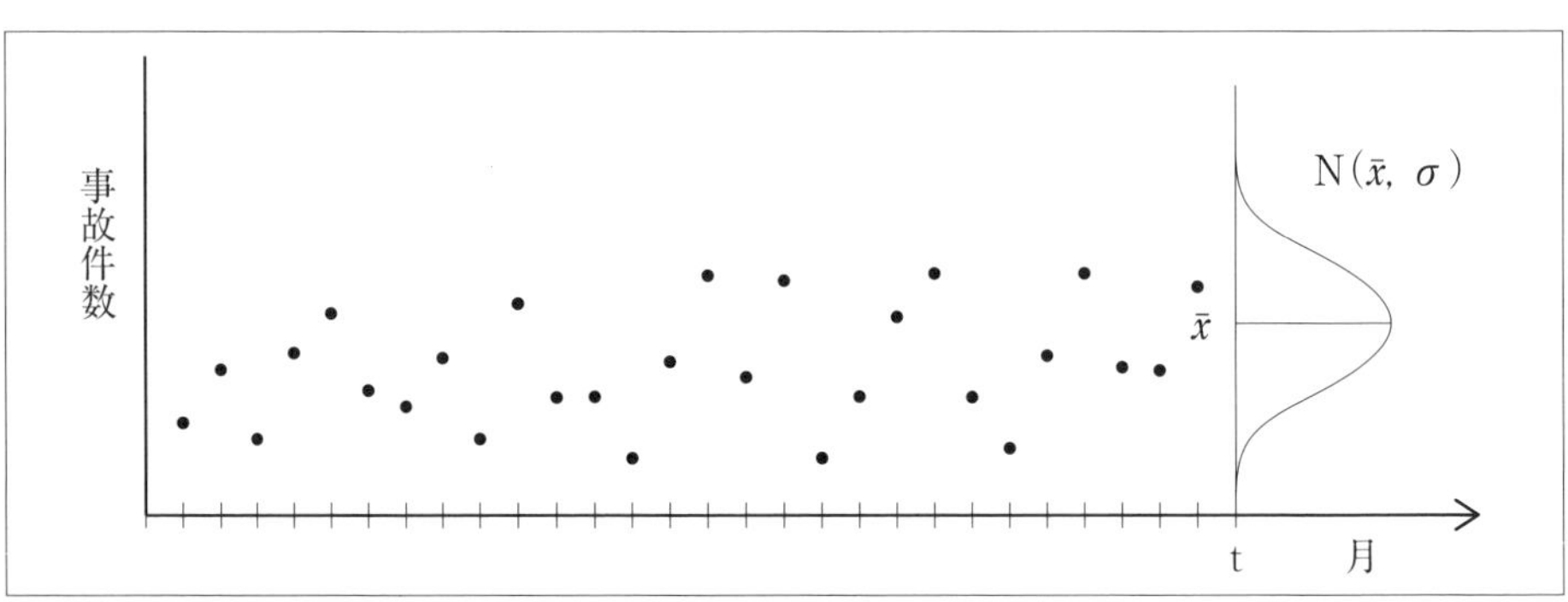

図７－１　事故の分布

いのは当然である。トップ自らが陣頭に出て、全社的に取り組まないと、工程は容易に変わらないものである。作業者の事故防止意識の高揚や、基本動作の厳守というだけでは、目的は達成されないことがお判りであろう。

(1) 工程能力

製品を製造する場合の工程能力とは、材料、製造設備およびこれに関わる人の働きである。人の働きを決めるものは、作業の標準化と教育訓練である。建設関係のWQCにおいては、QCの製造設備の代わりに治工具（ここではトラックやユンボ、クレーンなどの大型機械がこれにあたる）が大きな要素となってこよう。

そこで、工程能力を上げるためには何処から手を付けたら良いであろうか。それには次の2つの方法が考えられる。

一つは仕事の工程を構成するすべての要素について、1－6項で述べた如くゼロから組み立てを見直すという方法である。これは優れたコンサルタントの指導を受ける等大掛かりな改造となる。もう一つの方法はこれまで発生した事故の原因をつぶさに分析して、要因となるものをことごとく除去し、そこから新しい工程を組み立てようとする方法である。QC的には当然後者の方法が採用されている。

(2) 仕事の工程設定

順序として仕事の工程とは如何なるものかを整理してみよう。まず簡単な仕事から考察する。

山の木を数える仕事を考えてみる。正確性はもとより、短期間で数えることが仕事の出来栄えであるとする。

方法はいろいろあるが、手軽で手がたい方法として、カウンターを準備する方法もあるが、帳面に正…正の字を書いて、合計を出すことに決めたとする。

製品を作る場合と同じように規格、設備、マニュアル教育訓練の面から組み立ててみる。まず木にもいろいろあるので、杉の木で直径20センチ以上の成木と決める。これが規格である。数える方法であるが、簡単なようでなかなか難しい。数え漏れと重複を避けるために、記帳を完了した木には印をつけることにした。これが治工具である。印をつける方法にもいろいろあり、正確で合理的な方法を考えねばならない。次に一人が印を打って、他の一人が記帳することにする。これが作業のマニュアルいわゆる標準化である。

以上で仕様書はできた。しかしこれだけでは、この仕事を開始することはできない。必要な人員を用意し、治工具を揃え、所要日数を決めねばならない。当然予備調査をして設計することとなる。

まず山の形状から、山全体の杉の木の概数をつかむことから始める。面積は地図で計り、単位面積当たりの成木の数は、収穫前の稲の坪刈りの原理で、数箇所調べることにした。そして一日で何本数えられるかを調査して、10日間で完了するための人員と治工具を揃え、4人一組（班長、記帳、印打ち、治具運び）の組織構成で、この仕事の工程とした。人員が多いためマニュアルの説明会を開き、各組ごとに帳面に記帳し集計する実習を行ない（教育訓練）、開始日を決めた。

しかしこれだけ綿密に工程を組み上げてもいまだ疑問は残る。命じた仕事が、実施法通り実行されるかどうかである。つまり各組が洩れなく、重複なく正確に仕事〈木を数える〉をしているか否かである。それにはチェックを要するが、如何なる方法でチェックするか。再び人員を集め、教育し、同じ仕事をやらせて、その両者を突合する方法も考えられるが、数が合致しない場合、何れが実数を示すか保証がないので、二度の作業を実行しても、意味がないことに気付く。

たかが山の木を数えるという単純な仕事でも、その工程を考えると非常に多くの要素から組み立てられていることに気付くはずである。また仕事の出来栄えに関する欠点も、これらいずれの要素にも影響を受けるものである。

さて別の工程設定を考えてみよう。その土地の住民の噂話や簡単な目算でおおむね5、000本から6、000本と予想を立てる。まず荒縄を6、000本用意する。次に村の人を動員して目的とする木の目立つところにこの荒縄をむすばせる。そして余った荒縄の数を、用意した荒縄の数から引き算すればそれが森の木の実数となる。6、000本の荒縄の準備は一晩で出来た。若し不足すれば追加することも簡単である。実際の作業は村人60人集め、5人ずつ10組に分け、組毎に一人の組長をおいた。組長には特別に指導して、目的とする仕事が正確に実行されるよう監督を命じた。もちろん用意した荒縄の運搬は別の人にさせている。

前者を台帳式足し算方式とすれば後者は荒縄式引き算方式で、どちらが工程の組み立てとして簡単であるかは、比較するまでもないであろう。前者の発想は現在でも一般的であるのに対し、後者はＱＣ的発想であり、かの有名な信長に仕えた木下藤吉郎の発想であったというから驚かされる。

（３）工程の設計

工程の設計とは仕事の目的に向かって、それぞれ合理的に効率よく組み立てられたその仕事の手順であって、各種標準類の内容がこれに当たると前に述べた。その手順の組み立てには、いろいろな方法があることは前項で説明したとおりである。

一般的に工程を決める要素として概略整理すると図７－２となろう。

しかしながら優れた工程が一朝一夕にして出来上がるものではない。常日頃の改善活動によって企業自身にノウハウが蓄積され、より合理的・効率的工程に組替えられるのである。

（４）工程能力の向上

事故を防止するために工程能力を向上するには、工程の改善が必要である。工程の改善には現在の工程を分解し、変更しなければならない。仕事の出来栄え、すなわち事故そのものが「このようにせよ」と教えていると説くのがＱＣである。

つまり過去の事故の原因を分析し、統計的に処理して、工程の改善に役立てるということである。後で詳しく述べるが、工程の改善に役立たない原因分析は、いまだその原因究明の深さが足りないのであると思えばよい。したがって、抽象的な原因の羅列では改善が具体的に進まず、工程能力も上がらないのである。要するに事故は現

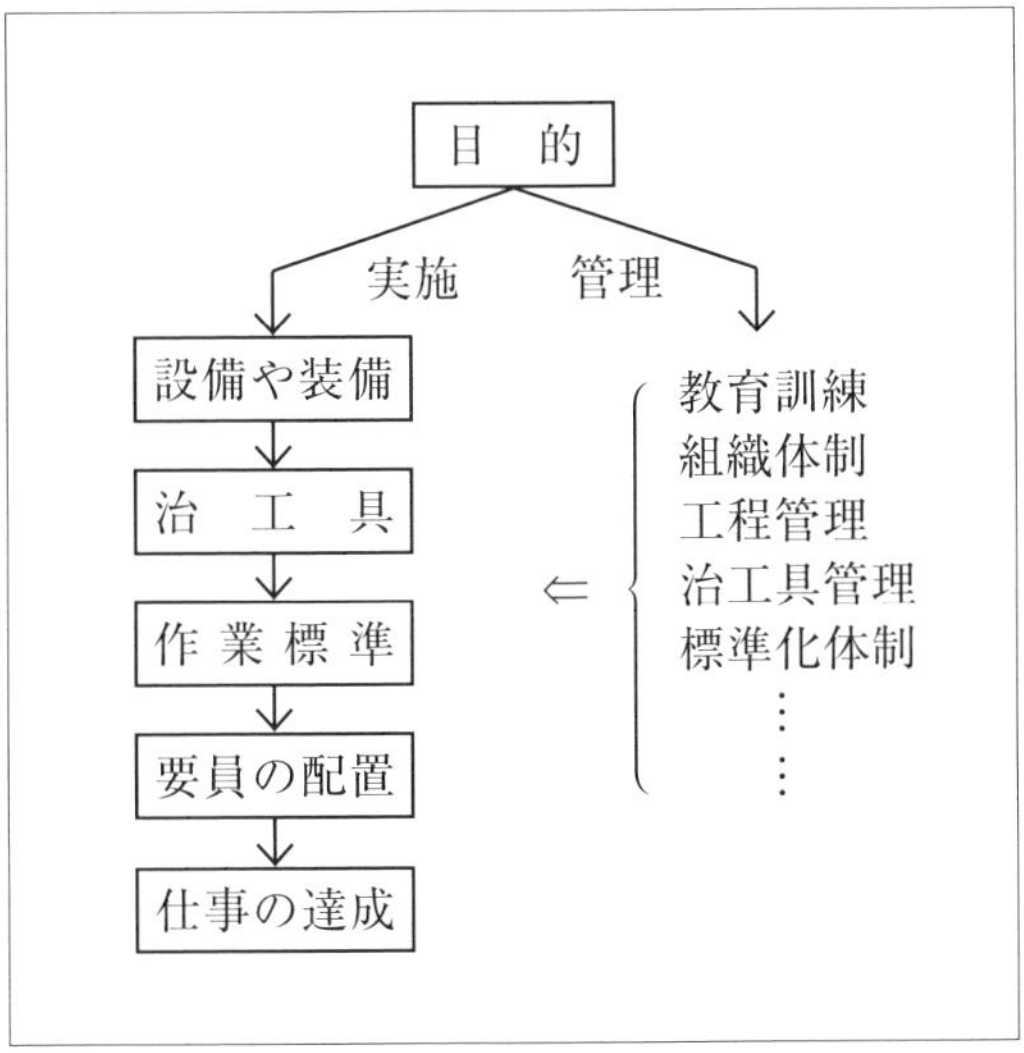

図７－２　工程要素とその管理

象であり、その現象（現象ベクトル）から、それに至るメカニズムを究明し、工程要素（要素ベクトル）にまで遡り、ベクトル変換を行って、どの工程要素をどのように変更するかを具体的に提起しないと、各部署は動けないのである。そして事故の種類は千差万別であり、またそのメカニズムは、まるで乱数表のように見えるものである。まさにバラツキの世界である。それをヒストグラム、パレート図、特性要因図、チャートなどのQC技法を用いて整理し、解析し、原因の優位性を判断して、あるいは改善行動の優先順位を決めなければならないのである。

7－4　原因のメカニズム

原因とは辞書によると「物事の変化を引き起こすもの」とあり、原因も一つの事象である。たとえば「人が転んで負傷した」そしてその原因は「石塊につまずいた」からといえる。これを「人が石につまずいて転んで負傷した」といえばその原因は何であろうか。この原因はいろいろな事象に広がってくる。

つまりこの原因を考えてみると、石が何故そこに置かれていたのか、誰が何のために石を置いたのか、あるいは負傷者が何故その石に気が付かなかったのか、そしてさらに進んで石を置いた原因が、子供の悪戯か、運搬車からの自然落下か、また何かの作業をするために石を置いて取り除くのを忘れたか、等々の事象が連結している。これを図式に表してみると図7－3となる。

すなわちこの場合は、石につまずく→子供の悪戯→場所の管理→子供の監督といった具合に単純に原因が連鎖することが分かる。しかしよく見ると、「本人の不注意」と「石につまずく」、の2つにおいて、どちらを原因の主要素に採るかによって連鎖の流れが違ってくる。すなわち「本人の不注意」であると断定すれば、それ以降の原因の連鎖は中断する。一方「石につまずく」という事象で捉えれば原因の連鎖は継続し、次に子供の悪戯をどのようにして防止するかとなると、その方法はいろいろ出てくるのが普通であろう。そこで何を押さえたら子供の悪戯が防止できるかを具体的、客観的に決めるための方法について以下に述べる。

図7－3で気付くであろうが、本人の不注意や作業者の置き忘れを主原因にして、原因の連鎖を止めては

ならない。人の行動や注意力は非常にバラッキが大きく、「不注意との判定は藪の中」と言われるゆえんである。

一般的な原因のメカニズムは、単純連鎖は極めて少なく、図7－4のごとく複雑連鎖をすることのほうが多い。

A、B、C……は独立して発生した事故である。このモデルでは、第一原因から次の原因を究明し、高次の原因となるにしたがって原因要素〈要因〉が増加していくことを表している。そしてn次に至るまでには無数に存在して多数の起因要素で発散してしまうように伺えるが、具体的な再発防止対策が浮き出てくる要因にまで到達すると、それぞれ共通の要因（共通要素）に収斂していく様子を示している。

これを実際に行うには、ただ常識的な判断では、的確な要因が見えてこない場合があるので、衆知を集め、皆で知恵を出し合うことが当然必要となろう。また、高度な要素、技術的な研究課題に負うところも出てくることになる。

7－5　再発防止対策

要因とは「物事の成立に必要な原因、主要な原因」などといわれている。再発防止対策は直接原因や、間接原

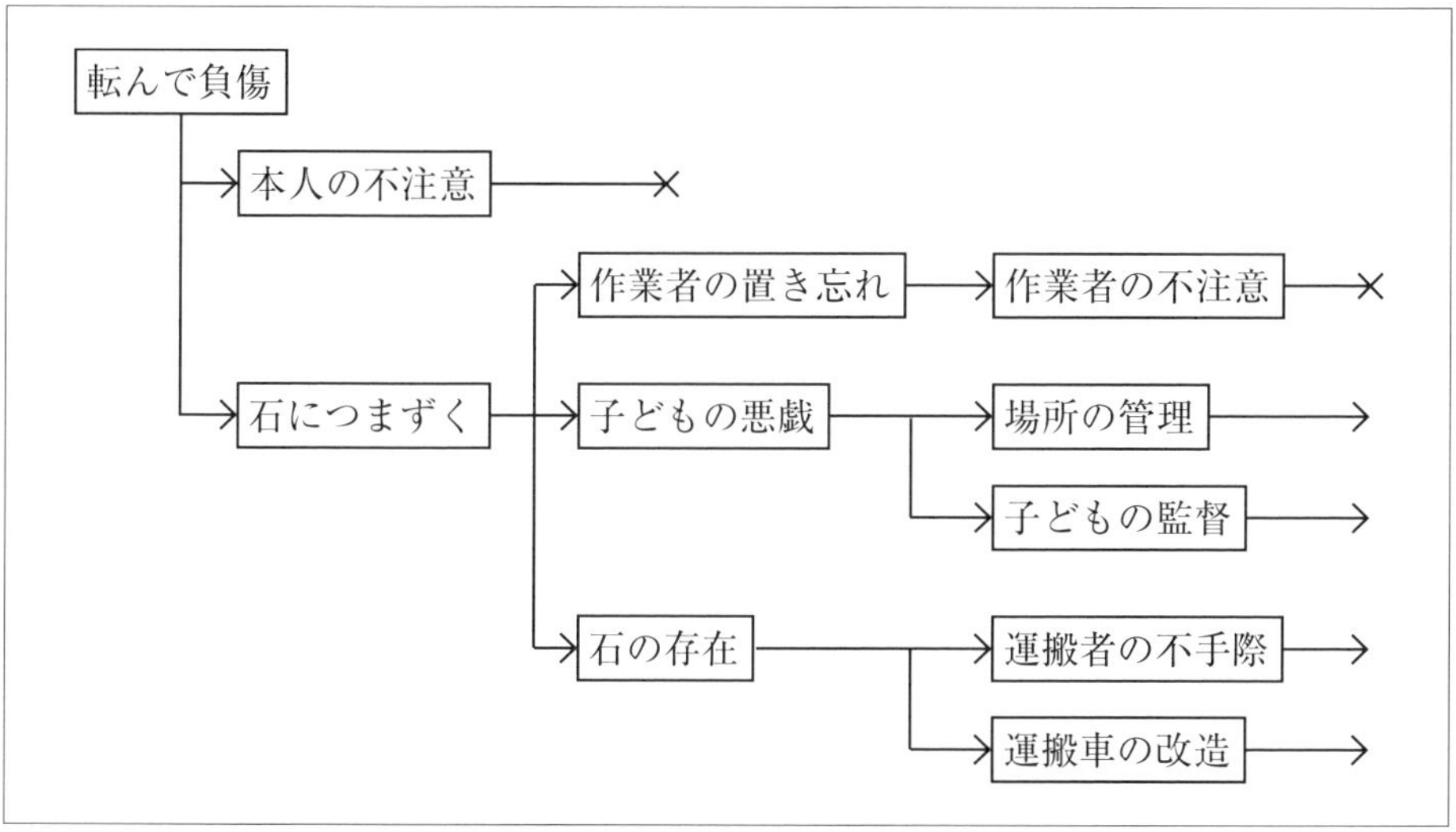

図7－3　起因事象の連鎖

因などの原因メカニズムを究明し、原因の連鎖を分析して、根っこにある要因を見つけ出し、対策を具体化してそれを実行することである。

　そこで連鎖する原因が次々に収斂して共通要因に至るのだが、その要因とは如何なるものであろうか。

　先に仕事の出来栄えを決定するものは、工程の良否であり、工程は図7－2の「工程要素とその管理」で組み立てられていると述べた。正に要因はこの項目に到達することに他ならないのである。これを特性要因図で示すと図7－5のようになる

　この要因は管理的要因と実施的要因に大きく分けられる。

（1）管理要因

①組織体制

　製品は一人でも製造できるが、一般的には社長以下現場ま

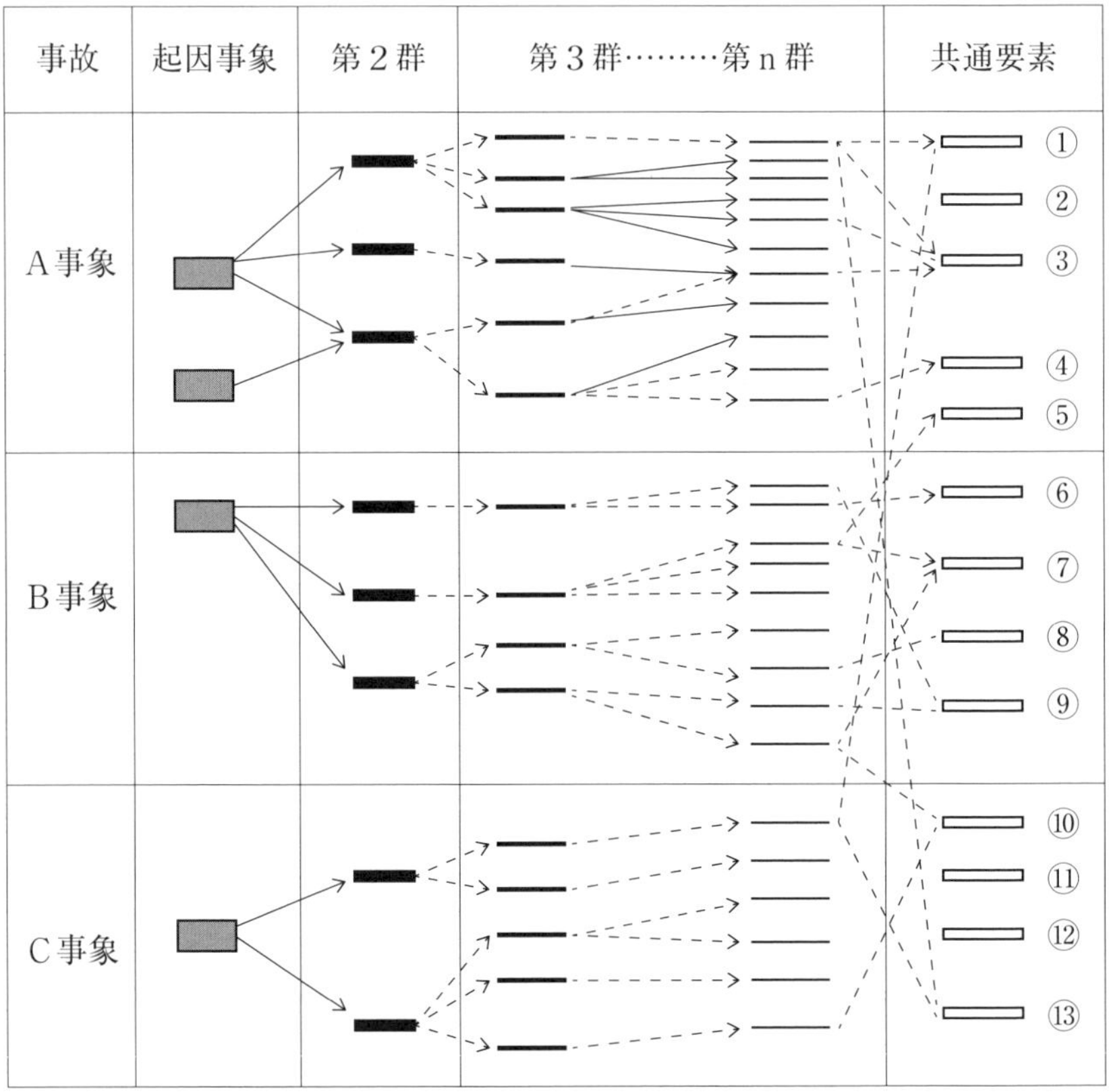

図7－4　原因連鎖のモデル

での一通りの組織が組まれているのが普通である。大事なことは分課分掌が明確になっており、会社の方針が下部に伝わり、現場の意見が上達し易くなっているかである。

たとえば、公社在職の時の経験であるが、道路の片側に掘ったトレンチの中に通信ケーブル用のパイプを埋設するための工事で、死亡事故が発生した。このトレンチは幅８０センチ、深さ１・６メートルの溝で道路にそって伸びている構造である。その中で工事中片側の土砂が崩落し生き埋めになった。指定された標準工法では、土留めをしてからパイプの敷設を行うようになっていたが、土留めをしていない場所で崩落している。その対策は、土留めを確認してからトレンチに入るよう厳しく指導した、となっていた。

その他にも、マンホールの中で作業中に酸素欠乏による死亡事故が発生している。この場合は、先ず作業の前に提灯を降ろし、蝋燭の火が消えないことを確認することになっている。この種の事故は、工法厳守という対策では確率的に減らない。なんとなれば安全に対する工程能力が向上していないからである。

工程能力を上げるには工法を変える必要がある。新工法を採用するには工法研究を含め多大のコストを必要とする。これにはトップの裁断が必要である。

会社の上層部の理解なしには、安全の工程能力の向上はあり得ない。あり得てもスピードが問題である。

後年公社に聞いたことであるが、トレンチ工事の土留め工法を全面的に見直し、研究所の協力を得て、人がトレンチに入ら

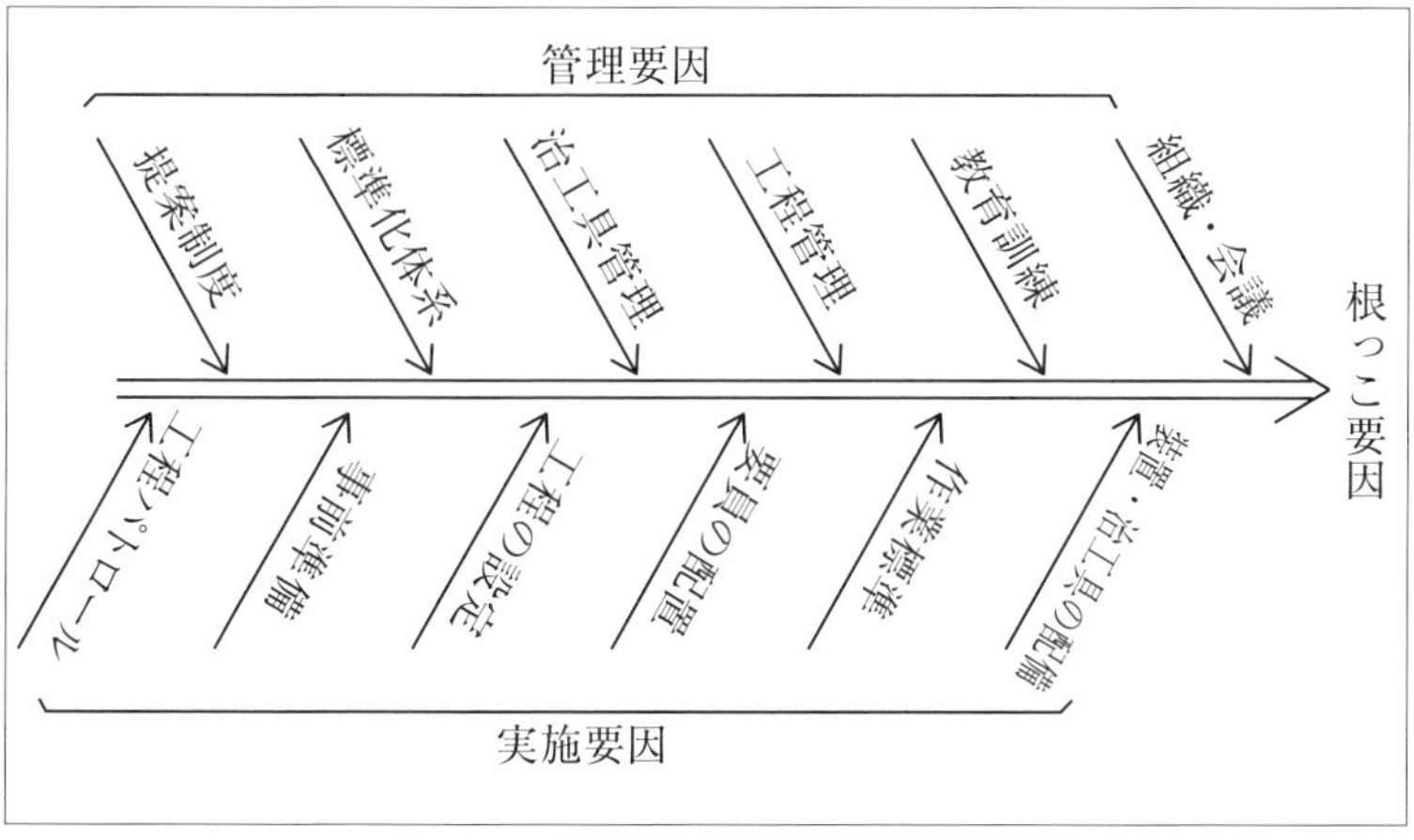

図７－５　事故防止の要因図

ずにすべての工事が完了するようにした。そしてマンホール対策では、動力による可搬型換気装置を全工事班に配備した。両方ともに安全パトロールを強化したとあった。これには社長自ら強力な安全指導があって、全社的な意識改革があったと、証言を得ている。

②会議

会議にはいろいろあるが、大きく分けて意思決定、意見情報交換、および情報伝達等に利用される。結果や内容は、何れも会社の標準化に反映されることになるので、組織活動において会議は重要な位置づけでなければならない。会議の目的を明確にすることと、議事録を残し周知徹底を図ること、などが重要事項となろう。

③教育訓練

人的な過誤の大半は、知識や経験不足に起因することが多い。仕事に従事させる前に教育訓練が必要であることはいうまでもない。そして習得の結果を評価し、国家資格はもちろん社内資格に合格した者に従事させなければならない。

④工程の設定と管理

工程設定の基本的な考え方は、すべてにフェール・セーフ（fail safe）（注1）でなければならない。無理な工程は事故の元である。ちょっとした工夫次第で工程能力が非常に向上することがある。複雑な仕事は、工程を分解して簡単なものに、あるいは難しい仕事は、治工具など工夫して、手作業を易しくすること。人の不注意や過誤を防止するためフールプルーフ（fool proof）（注2）の考慮も必要である。

注：1　設備機器の故障やヒューマンエラーなどで異常が発生した場合、動作中のシステムが安全側に作動するように設定しておくこと。たとえば、動作中のものはすべて停止させることや、ベルトが切れても周囲に飛ばないようにする。

注：2　システムに物理的な制約を設けて、単純なエラーを起こさないようにすること。たとえば重要な操作ボタンや危険な場所にはカバーを取り付けて単純なエラーを起こさないようにすること。

⑤治工具・計測器管理

工具とは一般に普及し市販されている道具をいい、治具とは個別の仕事や製品の組立に使用する道具をいう。特に治具は困難で微妙な作業を正確にもしくは簡便にするために用意する道具で、製造技術者の努力の成果として企業秘密とされる場合が多い。先の①で述べた埋設工事の土留めに使用する資器材は明らかに治具であり、ユンボやクレーンも治工具の仲間であろう。

計測器の場合は法律で校正周期が決められているので、管理体制が出来ていると思われるが、法定以外の計測器や治工具は常に正常に機能するように管理しておかなければならない。一定の周期で点検し、見やすいところに有効期間を表示することが肝要である。

筆者の経験であるが、あるメーカーの製品で時々ネジ頭がくずれるB欠点が発生するので、その原因と対策を後日聞いたとろによると、大変苦労してつき止めた原因は、ある作業員の使用しているドライバーに不具合なものがあったことで、早速ドライバーの点険周期を決めて管理することにした。要するに初めから治工具管理に意識が向いていれば、この種の欠点の解明はすぐにできるはずである。

⑥標準化体系

本社の分課分掌規程から、現場の作業標準に至るまでを体系化して、会社の法律として遵守するようにしなければならない。製品の欠陥や事故は往々にして標準化の欠落部分で発生することが多い。また作業者の自己判断による事故も多い。そして標準を守らなければ処罰するぐらい、強いきびしい態度が必要である。

⑦提案制度

勝手な行動は許されないが、現場や実務者の工夫や改善意見は自由に提案され、受付、処理を制度化して迅速に反映するようにしなければならない。優れたものには表彰することも重要である。

（２）実施要因

①装備や治工具の配備

装備には製造設備や作業補助設備のほか環境やレイアウトなども含まれる。照明や作業台、椅子の高低などである。

治工具については常に作業者の意見や実態を把握して、経営の意志でもって開発、改善していく必要がある。治工具の良し悪しは欠陥を少なくするばかりでなく、コスト低減の最大の味方である。今日的な自動化の発達は、装備や治工具開発の究極といえる。

②作業標準

作業標準は作業者の見やすいところに表示し、制改定月日の記録が重要である。少なくとも1年に1回は見直しをかけること。それをしないと作業者、監督者相互の緊張感が薄れ、事故の元となる確率が高い。

③要員の配置

事故はおおむね作業者の注意点の死角から発生することが多い。ミラーなど装備でカバーすることも重要だが、危険な死角には必ず誘導者を立てることを要す。特に災害など緊急時の要員配置は、兵站とともに交代要員に配意することが重要である。

④工程の設定具合

作業手順が無理なく、より簡便に組み立てられているかどうか、各ステージ間の前後関係が問題となることが多い。治工具や装備との組み合わせも重要である。

⑤事前準備

もろもろの作業の開始は、電源や装置および作業者も含めて、静から動、無から有の180度の転換点であり、すべてが休止前の状態を保持しているとは限らない。必ず本番に入る前には、異常がないかどうかを確かめる事前テストが必要である。

また作業前のミーティングは、時間を決めて習慣的に実施すること。本日の重点事項や注意事項、作業上の質疑事項や疑問点の解消など。

⑥安全パトロール

監督者は無駄なようでも、手分けして、作業現場のパトロールを実施することが望ましい。事故はもちろん検査結果の手直しに、膨大な時間と人数を掛けることを考えれば、綿密なパトロールを実施することによって、経済的に処理できることが多いことを知るべきである。

以上、事故や欠陥における要因連鎖の追及に対する、最終段階の要因項目を列挙したが、これらは即ち会社の経営項目ないしは事業の運営のために必要な事項であるといえる。換言すれば、事業運営の欠陥が、事故や不良を発生させていることになっているのである。

７－６　ＱＣと安全管理

まえがきでも述べたが、ある時安全工学の先生に、安全管理に何故ＱＣ手法を活用しないのかと聞いたら、ＱＣはある程度の事故を認める手法であり、安全管理では事故はゼロでなければならない。若干でも事故の発生を認める手法は、安全管理には採用できないとの回答で、これ以上話をするのが馬鹿馬鹿しくなって、議論を中断したことがあった。事故を少なくすることはできても、ゼロにする方法はこの世にないからである。

ここでは一般的な安全学の考え方と、ＱＣ手法との対比を述べる。

(1)　安全学の基本概念

安全学の入門書にいう安全学の概念は、「安全な人工物を実現するための一般的な方法論に関する分野として安全工学が成立した」とあり、人工物とは身の回りの日用品、道具、工業製品及び建造物など、人によって作られた実体を伴う対象物としている。そうして安全とは「人への危害または資材の破損の危険性が許容可能な水準に抑えられている状態」と定義されている。いわゆる事故の発生は０ではないことに新鮮味を感じた。

この入門書を一読して感ずることは、非常に専門的に捉えているので、大学の教科書には向いているかもしれないが、日常の事故分析には直接役に立つとは思えなかった。ただ、人工衛星を打ち上げるロケットとか原子力発電所のような些細な事故も許されない大型建造物の安全設計には大変有望な参考書であるように思えた。

(2)　事故分析手法

安全学における事故分析手法は次の通りである

(i) 事象の把握：現実に何が起きたのか事実関係を調査し、事象や関係者の行為の前後関係、相互関係を時系列的に把握する。

(ii) 問題点の抽出：事象の連鎖の中から、事故の転機となった設備機器の故障、ヒューマンエラー、関係者同士のやり取りなどを問題点として抽出する。

(iii) 背後要因の分析：問題点を生じさせた直接原因、直接要因を誘発した間接要因、更に間接要因を誘発した潜在要因を探り、因果連鎖の構造を解明する。

(iv) 対策の列挙：背後要因の排除あるいは背後要因の影響の排除、緩和など、事故の因果連鎖を遮断する方策を対策案として網羅的に列挙する。

(v) 対策の評価：列挙された対策案を、さまざまな基準に基づいて評価し、実施に移す対策を決定する。

ここで(iii)、(iv)の原因探索を効率的かつ網羅的に行うために、事故原因をいくつかのクラスに分類して考えることが推奨されている。中でもｍ－ＳＨＥＬＬモデル分析法と４Ｍ分類法とがよく用いられる。

ｍ－ＳＨＥＬＬモデルを図７－６に示す。

図で中心のＬ１は人（Live-ware）を表し、行為の直接当事者である。下のＬ２は周囲の関係者（上司、同僚など）を表し、直接当事者の行為に影響を有する人々を意味する。Ｈはハードウエア（Hardware）を表し、機械、設備、道具、計器及び機械システムなど、Ｓはソフトウエアー（Software）を表し、マニュアル、作業指示及び教育訓練、Ｅは環境（Environment）を表し、照明、騒音、温度及び作業空間などの作業環境に関わるもの、最後のｍは経営、管理（Management）を表し、全体の関わるものとしている。そしてｍが以上の各要素を取り囲むようなイメージを表している。

次に４Ｍ分類法は古くからある方法で、要するに事故

「安全学入門 P.72」古田一雄・長崎晋也　著

図７－６　ｍ－SHELLモデル

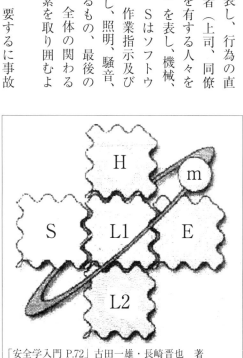

原因を人（Man）、環境（Media）、設備（Machine）、管理（Management）の４つに分けて分析し、原因を究明する方法を説いている。

以上学者諸氏の事故分析と前７－５項のＷＱＣ的再発防止対策とを比較していただきたい。

７－７　原因究明を阻むもの

ＷＱＣにおいて、事故・欠陥の再発防止対策には、徹底した原因の究明が必要であると説いた。要因を深層まで究明することによって、おのずから具体的な再発防止対策が具現されると説明してきた。逆説的にいえば、実現可能な納得のできる再発防止対策が見えてこない段階は、原因究明の探求が、いまだ不足していることを喚起していると思えばよい。

しかしながらこの原因究明活動を、国家の強力な力で阻もうとする社会的な現象がある。特に事故・欠陥が、人身事故を伴う場合や社会的重大な事故の場合に顕著に表れてくる。

航空機事故などの重大な事故調査に関するオーソリティーの柳田邦男氏が、ある雑誌に投稿した報告書に「事故原因や背景要因の構造的な問題点を解明する事故調査の目的と任務は、誰かの過失責任を追求する行政調査や刑事捜査（刑事裁判）と本質的に違う。例えばある機械の操作を間違えて重大な事故を発生させた場合、誤操作をした人物を特定して、関係法規に照らし、その人物を処罰して終わりと言うことになる。これに対し重大事故調査では、誰が悪いと関係者の失敗や過失をあげつらうのではなく、なぜ失敗したり過失をしたのか、その誘因や環境条件に問題はなかったのか、過失が事故に発展しないようにする防護策はなかったのか、組織やシステムにどんな問題があったのか、ということを明らかにして、そうした様々な不備を改善する方策を勧告したり提言したりして、安全な社会作りに貢献しようというのだ」と言っている。この柳田氏の考え方はまさにＷＱＣにおける「原因究明と再発防止対策」手法そのものである。しかし、ここで述べんとしていることはよく分かるが、はて具体的に何処まで分析して、どんな再発防止対策をすれば有効なのかは、よく分からない。しかもこの柳田氏の考え方は、世間常識として一般に普及しているとはいえない。

それを端的に証明しているのが、今回の福島第1原発事故に関する各事故調査委員会（事故調）の報告書である。報告内容には精粗の差はあるけれども、事故関係者から証言を得ることが難しいため、肝心なところを推定して終わることが多い。再発防止対策を提案する目的の事故調が、単なる魔女狩りの報告書に終始しているのは、この社会的な壁があるからに他ならない。

それに引き換え、製造工場での品質管理に根ざす不良品の再発防止対策は、徹底して原因を究明することによって実効を挙げ、今日の製品の品質保証と信頼性を勝ち取っている。

この両者の差は何に由来するのであろうか。前者は人が介入する不善・不良事象を扱うものであり、後者は、もろもろの原料を加工して製品を作る過程の不良事象を扱うことにある。いうまでもなく事故原因の対象が、ものいう人権と、ものいわぬ物権の差である。

事件など事故原因を厳しく追求すると、「その件に関しては、警察署が捜査に入る予定であるので、詳しい説明はできません」と、いわゆる黙秘である。事故調の報告書は裁判のときの証拠に採用されるので、何を聞かれようとも、自分に不利になることを語る必要は全くないのである。

曽野綾子氏があるコラムで「何かと不都合が起きると、起こした組織の長が出てきて、頭を深々と下げて陳謝する、中略、それでことは全く済んでいないのに、済んでいると思わせる風潮がある」と書いていた。特に最近の小中学生のいじめと自殺問題、部活の暴力コーチ問題、はたまた警察官の不正越権問題や公益法人の使い込み問題などは、いずれも組織の長が異口同音「事故調査委員会を立ち上げ、原因を調査して再発防止に努めます」と言うのをよく聞くけれども、本当に実行できるのか疑いたくなることの方が多い。これ程に人間のかかわる社会的不都合を正すのは難しい。

事件が報道される度に事件の当事者が「原因を究明して再発防止対策を講じます」と言って頭を下げる。そうしてマスコミもそれを免罪符にしてそれ以上の責任の追及をしないで、事件はしばらくお預けとなる場合が多い。

ここで法律の議論をするつもりはないが、法律は社会の秩序を守るためにあり、社会に対する悪行は罪状によって刑罰を受ける、いわゆる社会から報復を受けるのである。最も重い罪状には死刑という報復が科せられる。この国家的報復行為が悪行の抑止力になっていると社会が信じているのである。

つまり、この抑止力が事故や殺人の再発防止対策になっているはずだというのであるが、事件や事故は極端に減少することなく、発生しているのも事実である。法律が事件・事故に対する原因究明を阻害し、真実に基づく再発防止対策を中途半端にしているというのは、なんと言う皮肉なことであろうか。

ある有名な日本の科学者が新聞投書で「重大事故に関係した人の後日における失敗談や懺悔の話は、その後の刑事・民事訴訟の対象にしないようにならないか」と嘆いておられた。

この再発防止対策を中途半端にする罠にはまるのは、おおむね事務系の人が多く、特に法科を卒業した経営者や指導的立場にある人が多いように思える。何故か、刑法の原理である「原因の中断」にあるように思えてならないのである。

第8章　設備の保全とWQC

いよいよWQCの実践例である。これまでは、WQCの考え方や手法および統計的なことを述べたが、特にサンプリング技法とその意味するところ、および仕事の出来栄えチェック、原因分析と再発防止対策の3項目は、WQCの集大成として重要な項目である。この3項目をあわせてWQCが、管理サークルのC（Check）の項目に力点を置いた管理手法（人の役務を主眼とした管理手法）であるといえる所以である。

ここでは、最後の締め括りとして、サービス生産システムにWQCを適用するときの最大の難点は品質特性をどの様に決めるかということについて述べる。品質特性が決められないと仕事の出来栄えをデータ化できないので、データの無いところにはWQC手法の活用は不可能である。

そこで昔電電公社（以下公社）に在職した当時の電気通信設備の保全管理方式が、WQCの手法を全面的に取り込んでいて、しかもサービスの向上に役立っていた実績があったことに鑑み、その実施例を述べてWQC導入のための参考に供したい。

設備の保全管理方式を述べる前に、設備保守の一般論について解説を加え、本論に進みたい。

8－1　設備の保全技術

（1）保全形式

設備・機器の保全作業は目的別に大別すると、事後保全、潜在故障保全および予防保全の3つの保全形式に大別することができる。

（i）事後保全

事後保全とは、いうまでもなく、顧客から苦情として申告された故障の修理で、故障個所の探索、確認、切り分け、及び修理をいう。また、製造設備や機具、工具にあっては、現用中に不具合に遭遇した場合もこれにあたる。公社では申告障害として分類していた。

この作業のサービス品質レベルは、受付故障率（申告数／対象設備数）で表すことができる。
(ii) 潜在故障保全
すでに回線又は装置は故障しているが、いまだ顧客の苦情として申告されていない潜在故障を、定期試験、点検、自動試験機、運転監視及び故障分析などによって発見し、修復することをいう。公社では発見障害として分類していた。
(iii) 予防保全
予防保全とは回線や装置が故障する前に、何らかの方法で故障になりそうな箇所を発見し、取替・修復することをいう。ここで何らかの方法とは、過去の故障データを分析し統計的に判断するところに特徴がある。過去にA型自動交換機のスイッチや中継器の真空管の性能試験機能にここでいう予防保全的考え方が採用されていたことはあるので、詳しくは後述する。

(2) 保全技術

設備の保全活動に必要な技術は、(a)現実的に故障を修理するための切り分け診断技術、(b)個々の設備の異常を発見し、修復する技術、(c)潜在的な故障を発見し、予防保全を進める技術となろう。

装置の故障を、その装置を構成する部品の劣化の終点と考えるならば、究極の保全技術は、設備及びそれに組み込まれた、部品の劣化という現象への技術的な取り組みとなる。この技術的な取り組みを整理すると次のようになる。
(i) 劣化を検知する技術
検知技術とは、欠陥が回線や装置の機能上に顕在化する前に検知しようというもので、定常的な運転監視や異常を知らせる警報機能がこれにあたる。

この検知技術はセンサー技術の進歩とともに発展し、設備の固有技術の中に異常電流検出センサーや冷却水温度上昇センサーなど保全活動の支援機能として組み込まれるべきものである。有効な検知技術は保全コストとの調和の上に立ち、保守現場の実態が技術開発部門に反映されることが要点となる。そして先に述べたバスタブ曲線の３つの故障領域に適した検知技術の開発も必要である。現在研究が進められている「人機一体となった警報監視システム」作りもこの一貫と見ることができる。

(ii)　劣化を予知する技術

前(i)項の検知技術が設備の状態変数を測定することが主たる命題であるのに対して、予知技術は個々の設備の状態を監視しながら、劣化が顕在化する時期を予測することに主力をおいている。したがって、この予知技術はそれぞれの劣化現象の構造（劣化のメカニズム）を解明する技術であるとともに、劣化の経時変化が把握できるような測定技術や故障分析手法を確立することが重要なキーとなる。

われわれの身近な例として、昔、真空管の性能試験で各電極の電圧を下げて、エミッションの低下程度で判定する方法や、A型自動交換機の個別スイッチのロータリー試験や回転上昇試験で、これに使用する試験機のパルスの幅やスピード及び電圧を標準値より厳しい方向に変えて行う試験（現在でいう過酷試験）などが見られる。現在でも適用が考えられるのはエレベータやエスカレータ、同種の装置の並ぶ織機や塗装機などが考えられる。

(iii)　劣化を予測する技術

前(ii)項が観測データに基づいて故障を予知するのに対して、この予測技術は、同種の設備の劣化に関する統計的データに基づいて、寿命を推定することを目指している。修理不可能な部品が故障に至る前に、その部品の故障に関するデータから、統計的に余命を推計し、部品の交換時期を決定するなどは、劣化予測の理想形といえる。

予知技術は、劣化機構に着目して設備のモニタリングを行う方法論であり、一方予測技術は、数理統計手法が基礎となり、現在では信頼性工学の分野において、体系化されているものといえよう。

(iv)　劣化を予防する技術

部品劣化の終末として現れる、故障や不良箇所を発見し、予見することの他に、劣化が進行するのを防ぐのも重要な保全技術といえよう。その典型的な例が潤滑油の給油であり、錆蝕防止のための塗装や鉛ケーブルの電蝕防止策などがある。

８－２　定期試験の考察

設備の定期試験は保全部門の常道と思われるが、部品などの信頼性の向上で故障率の低い装置群に適用するには、効率面から見ると極めて低いし、無駄が多い方法であると思われる。

現在の定期試験は、その方法論から見て故障の発見には有効であることは理解できるが、８－１(ii)項で述べた劣化予知保全の意味合いは薄い。しかしながら、ニュースなどで事件の原因を、設備点検の不備を挙げて再発防止対策につなげようとしているところは事後保全に対する予防保全であるといえる。

問題は定期試験による故障発見率（故障件数／試験ストローク）が、それに従事する工数に対して非常に低いということである。このことは、これに従事する作業者の働き甲斐を低下させるばかりでなく、注意力の散漫により重要事項を見逃す確率が問われることにもなりかねないのである。信頼性の章で述べた偶発故障に対する定期試験は、予防保全の立場から見て、何の威力も発揮しない。何の前兆もなく、突然に故障となるような現象は、いくら試験を繰り返しても、予防することは不可能である。例えば泥棒の侵入を防ぐために、一定の時間間隔で見回ることを考えた場合、泥棒の侵入が偶発的であるとすると、よほど運がよいか、あるいはよほど巡回の頻度を多くしない限り、泥棒に遭遇することはない。そうなると、巡回の結果、無事平穏であっても、次の巡回まで、泥棒の侵入を防ぐことを保証したことにならないので不安は残ることになる。

一見偶発的な故障に見えても、劣化現象を詳細に追求すれば、何らかの前兆を伴っているものも多い。ただ現在の技術水準では、それが検知できず突発的に見えるということであろう。

前述した泥棒の場合、進入の予知は不可能だが、泥棒という行為は、ある程度防止することは可能である。現在では人（体温）が近づくとセンサーが働き、アラームが鳴動する警報装置が設置されていると聞く。また防犯カメラが各所に付くようになった。

いずれにしても、故障の予知は、機械や部品の劣化現象を研究し、それを知見することによって理論的には可能である。現在の定期試験も、故障になった後の状態を検知するだけに留まらず、故障に至る前の劣化状態を検知できるような過酷試験の手段が研究されれば、また新たな効用を発見するであろう。

8－3　劣化予知試験

故障に至る前の劣化状態を検知する試験（点検を含む）を劣化予知試験と呼ぶことにする。

劣化予知試験の代表例は、真空管のエミッションテストであろう。各電極の電圧や電流を低下させて、機能低下の度合いから判定する方法である。ただし真空管内のヒーターの断線の予知は非常に困難であるので、米国の軍事規格では、過去の故障データによって信頼区間を予測し、一斉取り替えのアクションを実施することにしている（古い話でごめんなさい）。現在ではＩＣの発明により、真空管は姿を消してしまったが、コンデンサーや別の部品故障がこの劣化態様として出現することになろう。

またＡ型自動交換機のスイッチの各種試験は、この劣化予知試験であったといえる。このスイッチは電話機のダイヤルパルスで駆動されるので、試験機のパルスの電気特性を、標準値からスイッチが嫌がる方向に設定して試験する（過酷試験）。例えばスイッチの上昇回転試験に用いられる試験機のパルススピードを、標準値10ＰＰＳ（パルス／秒）に対し、下限値を８ＰＰＳで正常に動作することにしている。更にこの上昇回転機能はパルスのメーク率（オンオフ比率）や歪み率にも関係している。このような試験方法は、いろいろな種類の機器や装置単体に応用できる。

長距離列車が主要駅につくと、テストハンマーで車輪や車軸を叩いて歩く保全係がいる。この打診法は、いろいろな重設備やコンクリート構造物などの点検に適用されている。叩いたときの音で、亀裂やねじの緩みなどの欠陥を検知して、重大事故を未然に防ぐ行為であることは言うまでもない。

また稼動している機械や設備から発生する騒音を、ただの騒音として見逃さずに、スペクトル解析にかけて、標準からの乖離を分析して、欠陥を検知する技術もあると聞いている。

以上、パルス試験機、ハンマー打診法及び騒音解析法、いずれも故障予知技術から生まれた試験方法といえる。このような考え方に立って新しい技術の開発を進めれば、もっと多方面に活用できる方法が実現できるであろう。

劣化予知試験は、見方を変えると、正常な機能であることを保証する試験でもあるといえる。ただし劣化のメカニズムが、時間の経過とともに進行するものに限り、その方法と周期が適切である場合である。機能劣化の進行過程を解明するには、過去の故障態様を詳細に分析することによって、劣化のメカニズムにある程度の目処をつけることが必要である。最近では信頼性工学において、劣化加速試験などが研究され、確立されつつあるので、益々故障予知技術が進歩することを期待したい。

今実施している定期試験は、少なくとも次回の定期試験まで正常な機能を保証する試験でなければ意味をなさない。若し途中で故障が発生した場合は、直近の定期試験で何故発見できなかったかの疑問を常に持ち、その場で試験方法の改善が論じられるようになれば、定期試験の位置づけは、これまでと違って別のものとなるであろう。

８－４　保全方式と保全管理方式

設備の単体およびその集合を保守する場合の、保全方式と保全管理方式の関係を示すと図８－１の如く管理サークルが考えられる。すなわち保守体制と保守者の技術能力という土台の上に立って、保全管理方式を中心に、それぞれの要素が管理サークル上を回転し、サービスの安定と向上につなげようとするものである。要するに保全管理方式とは保全方式を含めた保全活動の全体をコントロールする司令塔であるといえる。

(1)　保全方式の決定

保全方式とは効果的な保全活動を支えるものでなければならない。すなわち過去の故障態様や故障率など、設備固有の信頼性とシステム構成をベースに、何時如何なる方法と手段で、当該設備に効果的に手段を加える方式である。これには一定の思想に基づいた基本方針がなければならない。たとえば、予防保全がサービスの改善になるといって、故障態様が偶発的で安定期にある設備に対して、闇雲に定期試験や点検を実施する愚は排除されるべきものである。

（2）保全管理方式

設備の単体およびその集合が、先のバスタブ曲線上で、劣化故障期に達したと判断される場合には、次第に増加してくる故障修理に忙殺されるよりも、全部を取り替えるか、あるいは総点検をしたほうが、経済的であると考えられる。すなわちトータルコストから見て、これ以上使用することが不利であるということが客観的、定量的に提示できれば、合理的な保全活動が可能になる。

この合理的な保全活動を実現するために、統計的な判断基準を設定しようとするのが、とりもなおさずここでいうWQCに基づいた保全管理方式である。

しからば、如何にして劣化故障期の終末（アクション点）に到達したかを、判断する方法があるかを考えてみよう。

これには先に述べた管理図の考え方を応用した「管理限界値」あるいは「不良施設限界値」（以下限界値と言う）を設定する方法がある。この限界値を決める方法には次の2つの手法がある。特定の期間内（1ヶ月または1年）の故障率で決める方法（故障率方式）と、MTTF、いわゆる故障に至るまでの平均時間で決める方法（MTTF方式）とがある。

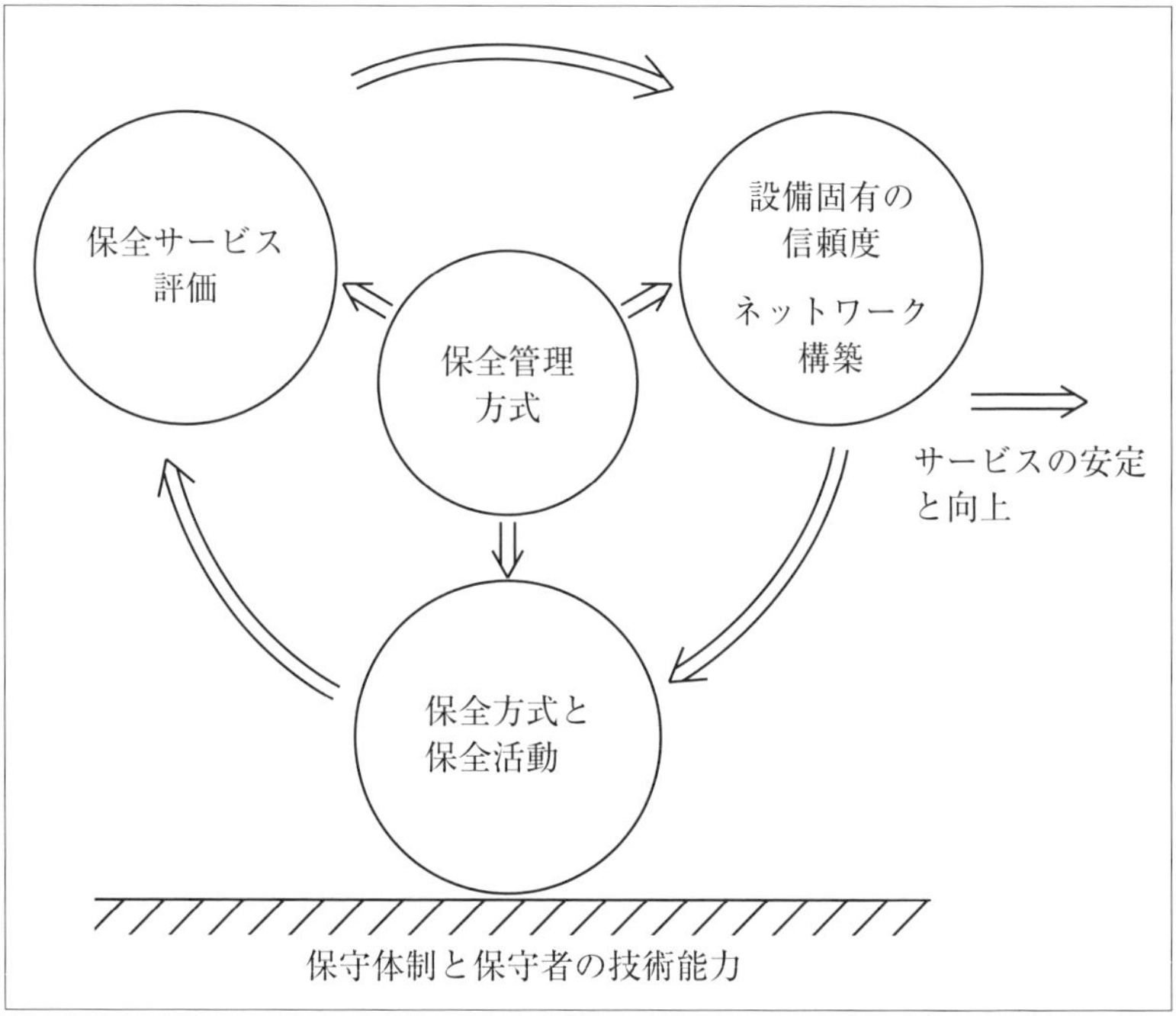

図８－１　保全方式と保全管理方式の関係

前者故障率方式には、いろいろな要素技術が組み合わさったシステムとして、規模の大きな設備の集団に適用されることが多い。

たとえば電気通信サービスにおける、加入者からの申告故障件数の限界値の決め方にその例がある。全国にある末端の事業所（電話局）を単位に、1ヶ月100加入あたりの申告故障件数の分布を統計的に処理し、3σ幅の上限に限界値を設け、それを超える事業所には、設備全体の特別点検を実行させるやり方である。

後者ＭＴＴＦ方式には、設備群の単位体に適用する例が多い。たとえば交換機のスイッチや織物工場の織機などの単体毎に、平均故障間隔の分布を統計的に処理し、分布の3σ幅の下限値を限界値とする。それを越える機器単位体は、現在の故障点以外にも、他の劣化部分があると判断して、オーバーホールないしは総点検のアクションを実施するやり方である。

（3）保全サービス基準値

電気通信事業における良い保全サービスとは、電話加入者が電話をかけようとした時、ダイヤルどおりに相手を呼び出せることである。そこで加入者からの故障申告を減少させることを目標に、全社的な保全管理方式を定めていた。それには以下のような「保全管理方式の基本的な考え方」を述べている。ここで例示するデータは、筆者が現役当時の昭和50年代のもので相当に古いが、ＷＱＣの考え方を理解する上では問題とならないので参考にしていただきたい。

初期の保全サービス基準値（昭和32年）は、自動交換局（以下自動局）で受付故障件数5・5件／1ヶ月100回線（加入者）、本社管理限界値は14・5／1ヶ月100回線（加入者）であり、「将来すべての局が到達すべき目標として《保全サービス基準値》を定め、これに《管理限界》を設けて不良局を抽出し、さらに《保全参考値》によって改善が必要な設備を選定し、しかるべきアクションを実施云々」と社内規定に定めてあった。

また注釈として「保全サービス基準値は自動局の過去の申告障害数をもとに、実行不可能なあまり高いレベルに設定することは、経営面からみてもかえって不利となることや、担当者の意欲をそぐおそれがあること。またあまり低いレベルに設定しては、将来度々更新を伴うことなどの点を考慮し、昭和30年下半期から同31年上半期の障害統計に基づき、全国の自動局の1割程度が達成している値を採ったものである」とある。

続いて「管理限界値は全国で1割程度の自動局で、超過が想定される値を、年度ごとに本社が設定し、この限界を超えた局は速やかに上部機関に報告し、上部機関は責任を持って迅速かつ確実に改善措置を実施すべきものである」としている。

また「保全参考値は、管理限界を超過した局でも、具体的にどの設備を改善すればよいのか、判定する必要があり、電話機とか、交換機、ケーブルなど設備ごとに、サービス基準値に到達している局の、設備別障害率の平均値で設定した」とある。

なおこの保全管理方式は全社的に決められた標準であって、設備技術、システム設計、設備建設の各部門が協調して遵守するような位置づけであることに重みがあった。

この3要素すなわち（保全サービス基準値、管理限界値、保全参考値）の意味するところを、これまで学んできたSQCに当てはめて考察してみよう。

各局別故障率は当然バラツキの世界であろう。どのような分布をしているかは、2－1項（3）～（7）でみたとおり鉄棒の長さや測定誤差と同様、常識的には正規分布していると見て、それ程間違いはないものと考えられる。

とすると、このときの保全サービス基準値は「1割程度達成している値」とあるから、平均値から－1.29σの値をとって努力目標を設定したことになる。また管理限界は「1割程度超過する値」とあるから、平均値から＋1.29σの値を設定している。そしてこの値を超える局は、即全社的なアクションを打つための限界値としている。以上の内容から当時の受付故障率の分布を想定してみると図8－2のようになる。そうして平均受付故障率は10.0件／1ヶ月100加入であったことは容易に推定できる。

要するに当時の受付故障件数は、たとえば電話10,000加入を収容している電話局で、平均1ヶ月に1,000件の故障修理に追われていたことが想定される。当然人海戦術の保全作業であるので、経営上何とかせねばならないと考えたに違いない。

当時の「保全管理方式の基本的な考え方」にもあるとおり、全局の1割の局が達成しているサービスレベルを目標値として、それを達成していない局は、独自に工夫をこらし達成するように努力せよ。そして、サービスレベルの低い１割の局は、全社的に各部門（研究所、技術局、計画局、施設局、建設局、経理局）が施策を集中して改善に努力せよ。ということになっている。

この考え方はＴＱＣの考え方そのもので、これら三要素（設備単位、管理限界値、監視期間）による重点管理の効果が、今日（昭和６０年当時）の世界に類例を見ない、高いサービスレベルに到達したものと考えられる。

昭和５７、５８年の受付故障率はどのような分布をしているであろうか。全国１、２９０局についての分布を見ると図８－２の如くであった。

図８－３のヒストグラムは２－１項（６）（７）で述べたごとく、級（cell）の取り方が適当でないので、０の近傍に片寄った分布をしているが、適当に広げて想定すると図８－４の分布となる。

図８－４の分布図は故障率０以下に及んでいるが、これはあり得ないので、分布の下部はあまり信用できないかもしれない。しかしこのことはあまり問題となる要素ではないので、０・４５付近を頂点とする正規分布とみなすことができる。

要するに昭和３１年と同５８年の受付故障率を比較してみると、バラツキが小さくなり、平均故障率に至って

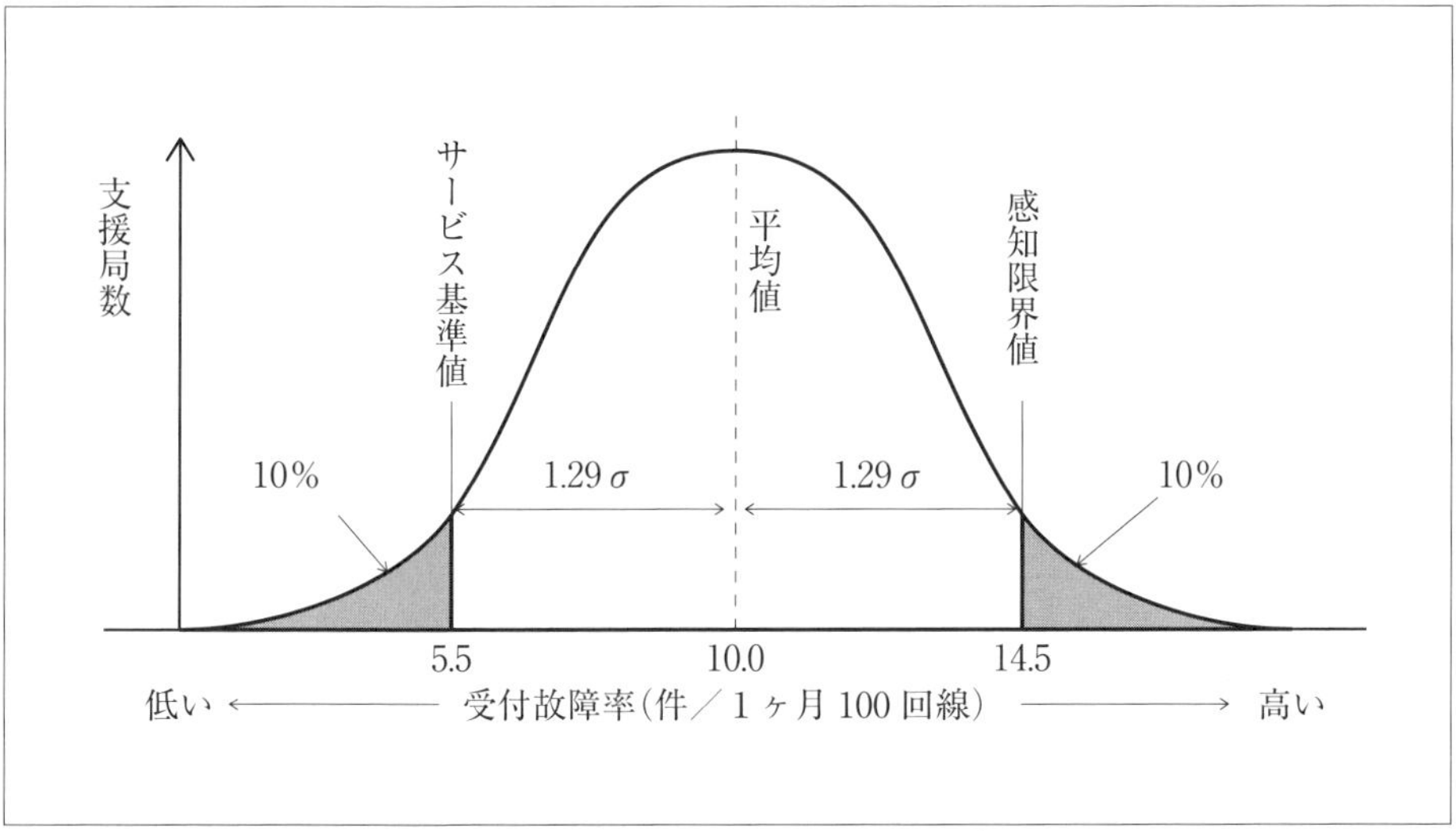

図８－２　局別受付故障率の分布（昭和 31 年頃）

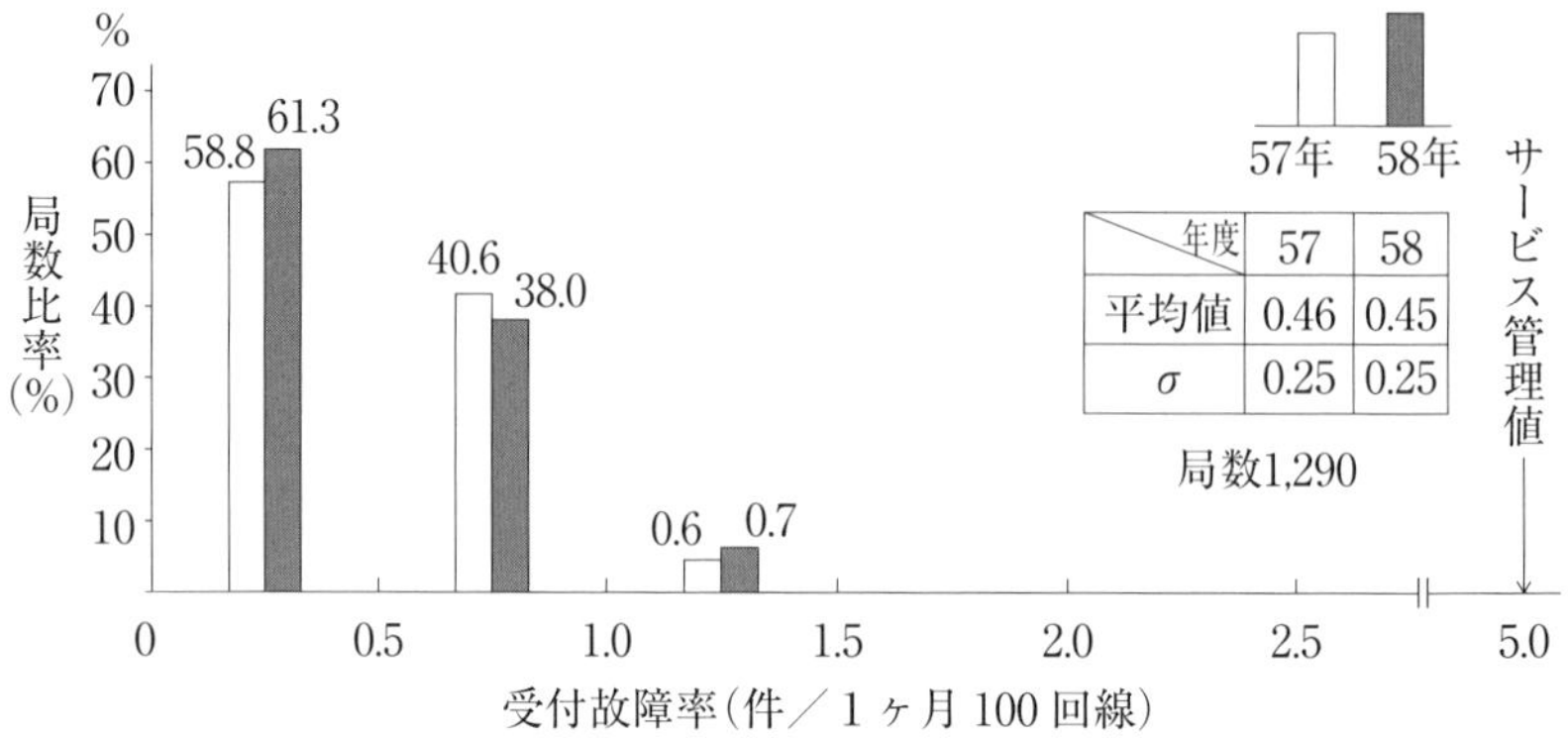

図8－3　局別受付故障率の分布

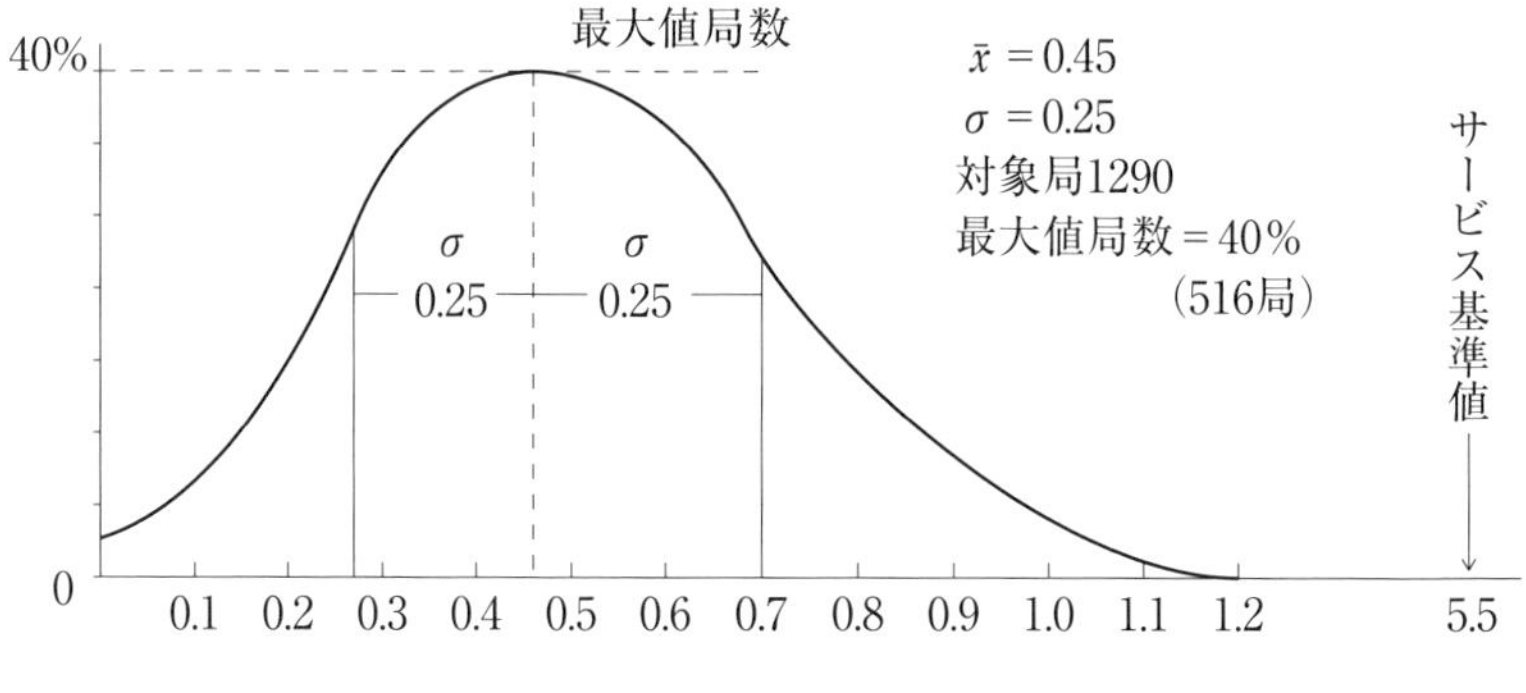

図8－4　受付故障率の分布（昭和58年頃の推定）

は実に２２分の１に改善されたことになっている。この間通信設備面では、鉛ケーブル（紙絶縁式）からプラスチックケーブルに、Ａ型交換機からクロスバー交換機に、真空管式増幅器からトランジスタへと革新的な新技術が導入された。

（４）重複故障管理

この保全管理方式の中に、後年重複故障管理なる手法が組み込まれているが、以下これをＳＱＣ的に検証してみよう。

ここでいう重複故障とは、加入電話の加入者毎に、任意の期間（例えば３ヶ月）故障記録を監視し、最初の１件目の障害は、故障箇所の修理のみに止め、その期間内に2件目の故障が発生した場合は、特別点検を実施しようというものである。いわゆるＭＴＴＦ方式を適用した事例である。

顧客の迷惑度から見て、短期間に度々故障する設備は、直ちに改善を要する。また短期間に同じ設備群で2度の故障が発生するということは、異常故障とみなし、前回と今回の故障箇所以外にも類似の故障が近い将来発生するであろうことが予測できる。そしてアクション（特別点険）を実施し、故障までに至っていない不良と思れる箇所をすべて修復しておこうという考え方である。

ここで言う特別点検とは、故障箇所の修理だけでなく、電話機、屋内配線、ケーブルおよび各接続点、すなわち電話機から収容交換機までの通信系を、回線として連結した設備を点検して、悪いと思れるところすべて改善しようというもの。

しかしながら、たまたま2件目の故障は全くの偶発的で、アクションの結果、他の不良箇所は発見されず、以後重複故障も発生しない場合もある。一見徒労に終わることもあるが、これもＳＱＣ的で設備管理上有意義な情報となるのである。

この重複故障管理より１０年遡って、Ａ型交換機の保守方式に、これと同様な手法が導入されている。１個のスイッチを単位に記録カードを作り、最初の故障は故障箇所の修理だけを行い、限界期間内に2回目の故障が発生すれば、標準調整といってオーバーホールをかけることになっていた。重複故障管理はこの手法を電話加入者系に応用したのである。

次に重複故障管理を加入者引込線に適用することを考えてみよう。加入者引込線は電柱にある端子盤から加入者宅に引き込むビニール線のことで、風雨に曝されることから故障率も高く、劣化も早い設備である。

(i) 設備単位 → ケーブル対象簿により100加入を単位とする。この単位ごとに記録カードを作成し、故障の発生状況を記録する。なお単位の決定は、故障率やアクション規模などを考慮して決めるとよい。

(ii) 管理値 → 過去の故障データから統計的に定める。具体的には事業所全体の平均故障率から＋3σをとって、その整数値を管理値とする。

(iii) 監視期間 → 標準値設定の数値が2件となる近傍の月数とする。

これで一応準備が完了した。以後は故障の発生のつど記録カードで管理し、標準値を超えた単位設備についてアクションを実施する。この場合のアクションは単位設備とした100加入分の引込み線を点検することとなるが、初期の間は建設年度のバラツキが大きいことが予想される。こんな時は故障の態様にもよるが、建設年度別に層別して点検の省力化を図ることは可能である。この点検は、ただおざなりに見るのではなく、劣化を予知することに重点を置き、疑わしきは取替え・修復するという心構えが重要となろう。

これらのことを一般的事象で説明すると、ある設備を層別に区分して単位ごとに故障の履歴を一定期間管理する。管理限界値を定め、それ以内ならば故障箇所の修理のみとし、限界を超えれば、設備単位を対象にアクションを計画する。もちろん設備単位、監視期間、管理限界等は過去の故障データから統計的に決定されることは言うまでもない。

この重複故障管理は、加入者という一連の単位設備を第5章で説明したＭＴＴＦでもって管理し、一定期間内に故障が重ねて発生したことと、設備の劣化を関連づけて、加入者系全体を点検させようとしたものである。

しからば保全サービス基準値による管理とどこに違いがあるかといえば、保全サービス基準値は、1年の管理期間が過ぎないと管理限界の判定ができないのに対して、重複故障管理は、故障発生と同時に判定ができる利点がある。また前者は規模の大きい事業所の設備管理に、後者は小規模の個別設備を単位に管理するのに適している。

（５）設備管理値の設定

保全管理方式（昭和５９年版）には次のような考え方が示されている。設備管理の目的は、通信設備の品質を良好な水準に維持するために、合理的な保守を行うことである。設備の品質は、時間の経過とともに変化していくもので、そのまま放置すれば、内的・外的条件により、一定の状態に留まっていることはあり得ず、その変化（劣化）がある一定の限度を超えると、サービスが低下するばかりでなく、その回復に異常な努力（＋コスト）が必要となる。したがってサービス管理値の維持ならびに保守の効率化を考え、設備管理値を定めて管理を行うものとする。

設備管理値は、電話機、引込み線、架空ケーブル、ＳＤワイヤーなどの設備種類別に管理限界値を定めて、きめ細かく管理しようというものである。細かくなるので以下省略する。この設備管理値の応用は、エレベータやエスカレータなどの大型設備では、モーター系、モーターコントロール系、ドア開閉系、及び階段系などに層別した機構単位に管理することである。

８－５　保全方式の組み立てと管理

筆者が経験した公社の保全管理方式では、「保全サービス管理」「設備管理」「不良設備限界」「新機器等の管理」及び「異常障害管理」の５本の柱で運用されていた。そして年毎に保全サービスの改善と、保全業務の合理的な運営に大きく貢献し、当時の保全サービス水準は、目標をはるかに凌駕し、諸外国と比較しても、格段に良好なレベルに達していた。

それまでの保全管理方式のねらいは、どちらかといえば保全部門のデータを技術開発部門や建設部門に反映することによって、より信頼性の高いネットワークの構築に役立てることであった。それによって今日の保全サービスが実現できたが、今後は保全部門独自の力で、各種省力化施策や極力人手を効率的にかける保全方式を開発し導入することが必要であると議論されている。

（1）設備管理の組み立て

保全方式の原型は8－1項で説明し、8－4重複故障管理まですべてを述べてあり、理論的根拠もこれまでに説明したとおりである。ただ設備管理の3要素、すなわち「設備単位」「管理限界値」「監視期間」の具体的な決め方が問題となる。過去の平均故障率の分布で、それぞれ設計することになるが、これら3要素の間には微妙な関係があることを知っておく必要がある

つまり管理限界値の実数値は、2またはせいぜい3までが望ましい。また設備単位を小さくすると監視期間が長くなり、また監視期間を1年にこだわると管理限界値が大きくなり、アクションの範囲が広くなって対策が難しくなる。

まず設備単位の決定にあたっては、アクションのための試験や点検の時間間隔が、長くても1日以内で完了する程度が望ましい。また設備単位の決め方には、装置架、電話機、ケーブル区間などのほか、複数架のヒューズポスト群や回線多重化のグループ単位、データ宅内装置の共通パッケージ群など、層別した単位で構成することが提案されていた。

設備単位が決まれば、次に過去に遡り故障の出方を調査する。平均故障率の分布がわかれば、それをMTTFの分布に置き換えて、平均値から3σ以上の近傍で管理限界値が2件となるような監視期間を定めればよい。

たとえば、8－4項（3）の加入者引込み線の故障率の分布から、MTTFの分布に置き換える方法について例示すると、100加入を単位に1年間記録をとり、1ヶ月平均故障率0・15件、σ＝0・15件とする。限界故障率をXとすると

$X = 0.15 + 3\sigma = 0.60$

0.6件（1ヶ月100加入あたり）＝1／1.66→MTTF＝1.66ヶ月

囲8－1

故に囲8－1で算出したMTTF1・66の整数を取って監視期間を2ヶ月にすればよい。また監視期間を4ヶ月に延ばした場合は標準値を3件にしてもかまわない。

アクションに関して最も重要なことは、この方式の組み立てをよく理解して運用することである。平均故

障率が変化をきたしたということは、８－４（４）項の重複故障管理でみたごとく、他の類似な故障要因が近き将来に発生することを暗示していること。またこれまではパラパラと発生している偶発的な故障であったが、今後は劣化故障が加わり、暫時増加してくることを教示していることなどである。

（２）故障記録

設備を保守管理する上で、一つのルールに則って故障を記録しておくことは、基本的な事項でもあり重要なことである。過去の故障の実態を分析し、統計的に処理することによって、ある程度将来の故障予知が可能であることはこれまでに述べてきたとおりである。

本方式においても、この故障記録が重要なカギを握っているといっても過言でない。先の信頼性の章でみたサイクリング場の有能な経営者ならば、自転車の機番ごとにカードを作るであろう。そしてそのカードに自転車の種類、製造年月日、使用開始年月日、及び製造メーカなどを記入し、更に整備内容や故障を記録しておくであろう。いわゆる医者の「カルテ」である。

（３）運用とアクション

故障修復後、修理報告書に基づいてそれぞれの装置カードに記入する。そして定められた監視期間内での、最初の故障であれば、その時は故障点のみを修復して済ます。２件目以上で限界値に到達していれば、アクション計画に移行する。

運用には高度な技術力と管理能力が必要である。設備管理統制席（デスク）をおいて、それにふさわしい職員を配置し、装置カードを集中管理させる。現場から上がってくる修理票を点検し、カードに転記して、必要な所定のアクションを現場へ指示することになる。

アクションについては設備の種類によっていろいろと異なったものとなるが、大きく分けて次の二つが考えられる。その一つは組み立て調整を要する機構部分と、他の一つは個別的な機能を持つ部品である。

前者は調整箇所の狂い、ねじの緩み、摩擦部分の磨耗や油切れ等の欠陥により故障を発生させるもの。この類のものは最終的にはオーバーホールして、バスタブ曲線の初期の領域に戻す作業となる。

後者は一般的に偶発故障である場合が多く、短期的には本方式の効果は具現できないが、長期的には必ず劣化領域に至るので、部品の一切取り替えのアクションだってありうることになる。

いずれにしても、これらアクションをとる前には、当然確認のための試験・点検を行うことになるが、必ず動作機能の上限を保証する過負荷試験（過酷試験とも言う）を行うことが重要である。また点検に当たっても、車輪の点検に特殊ハンマーを用いるような、当該設備に適用するような治工具の開発、あるいは電気的な接触不良やメカニック部分の、かすかなネバリをも見逃さない手法を工夫するなどが重要である。通り一遍の試験や点検では、劣化の予測効果は低いものとなろう。

故障の態様から劣化のメカニズムを研究することも、アクションを効果あらしめる手段である。たとえば、リレー接点の磨耗に関しても、これが動作回数のみの要素によって、劣化構造が決定されるのであれば、ことは易しい。ところが回路やその素子の特性、電流量、室内温度など、無数の要素によって影響されるからことは厄介である。しかしながら大数の原理を用いて統計的にうまく処理すれば、案外簡単に劣化メカニズムを解き明かすことも確かである。

すべてのアクションは個々の現場監督者が計画するものであるが、コストや規模によっては、上部段階に上申する場合がある。したがって現場監督者に統計的手法を指導普及し、日常業務の中で、いつでも本手法が駆使できるようにしておくと同時に、これらの手続きを標準化しておくことが重要である。

あとがき

最近、元内閣総理大臣田中角栄氏に関する本が、重版々々で大ブームを呈していると聞く。当時の政敵石原慎太郎氏の著書『天才』(万感の思いを込めて描く田中角栄の生涯)がブームの起爆剤となり、石原氏に「この年になって田中角栄の凄さが身にしみた」と述懐せしめている。

田中角栄氏の何処が超政治的であったかといえば、一つに豪胆にして繊細な人情味厚い性格の持ち主であった。二つに問題提起と説得力に優れ、決断して行動に移すことが早かった。三つに頭の回転が早く計画は精密で、コンピューターを載せたブルドーザーであると比喩されていた。四つに政治家にはめずらしく数字に厚く統計学に基づく論拠を多用した。

田中角栄氏の政治的哲学には「政治家は方針を示して納得させ、細かい手続きは役人に任せること」として、大きな功績にたたえられ今日にまで及んでいるものに「日本列島改造論」「全国新幹線網」「全国高速道路網」「県単位の空港設置」などがある。

ここで田中角栄氏の逸話を一つ二つ紹介すると、彼が大蔵大臣就任挨拶で「私が田中角栄だ。尋常高等小学校卒業である。諸君は日本の秀才であり、財政金融の専門家揃いだ。私は素人だが、トゲの多い門松を沢山くぐってきて、いささか仕事のコツを知っている。できることはやる。できないことはやらない。しかし、全ての責任はこの私が負う」と言っている。そして各長官の時の執務主義では「要件や問題点は便箋一枚に大きな字で書け。はじめに結論を言え。その根拠となる項目は三つまでだ。この世に三つでまとめきれない大事はない」と言っている。

さて、世間にいう「仕事のできる人」とは如何なる人のことをいうのであろうか。計画性のある人、改善意欲があって前進に努力する人、仕事の将来が読める人等々、性格や思考方法の切り口によって、多くの項目を挙げることができる。

中島孝志先生の『大人の仕事』という著書には、大人の仕事には次の三種類の仕事に要約されるとあった。

①「こなす仕事」
②「さばく仕事」
③「作る仕事」

「こなす仕事」とは、自分の力で処理する仕事のこと。たとえば経理の担当者が、各部署から押し寄せる伝票を高速スピードで処理すること、営業でいえば、的確に見込み客を訪問し、契約に成功することなどである。速さと正確さ、歩留や成果が問われる仕事であり、独力で対処する仕事のことである。また「こなす仕事」には、仕事の質量などにかまわず、とにかく取り組むしかない。時間がかかろうが、なんとか対処する、なんとかこなす仕事もある。

次に「さばく仕事」とは、自分でこなすのではなく、部下や上司、あるいは適任者に任せる仕事のことである。誰に任せるのが一番早く、しかも正確で成果が上がるのかの目利きである。一般に、上司には任せるとは言わないが、要点を簡潔にまとめて報告し、判断を仰ぐことである。「ああ、それなら○○君だ」というように、どんどん仕事をさばいてしまう。仕事の質と量を見て判断し、任せる人を選定する。任せた限りにおいては細かいことに口出しをしないが、最終責任は自分で負うことを日常の行動で示しておくことが肝心である。

最後に「作る仕事」とは、こなすのでもなく、さばくのでもない、生み出すものである。たとえば「ニュービジネス」とは限らず、現在の仕事の中で創意工夫する仕事である。もっと楽に、もっと早く、もっと効率的・経済的にする方法がないかと考える、いわゆる改善。改革する仕事である。

自分の職場でこの三つの仕事が難なくできるようになれば、その人は「仕事ができる」人になったといえるのであろう。

いずれにしても、職業について「仕事ができる」人になるためには、先に述べた田中角栄氏の如き統計学的手法に新たな発見の糸口を見つけるように心がけるべきである。田中角栄氏がＱＣに造詣があったかどうかはわからないが、問題を三つに絞って提起せよとの発想は、まさにＱＣ七つ道具のパレート図の要領そのものである。角栄氏自らは、自称、尋常高等小学校卒業とだけ言っているが、東京神田の中央工学校土木工学（夜間部）に通い、早稲田大学の講義録で勉強し、昭和二十五年に一級建築士の資格を得ているという、独学万能居士である。昭和二十七年の総選挙で第一回当選以来、三十九歳で郵政大臣に就任し、大蔵大臣、通産大臣の要職を歴任し、昭和四十七年、総理大臣に指名されるまでの二十年間、理工学系の政治家がＱＣに無関心であったはずは無い。

また「仕事のできる人」になるには、自動的、先天的に楽して獲得できるものではなく、人生の苦い経験と先人に学ぶ努力が必要であることはいうまでもない。仮に経験と学ぶ努力は同じでも、簡単に会得して益々向上・前進していく人と、いくらやっても要領を得ず、うだつが上がらない人もいる。

本著書の狙うところは、後者の人の為に述べたつもりである。理工学系の人にはくどくど稚拙すぎると感じるかもしれないが、法経・人文学系の職場マネージャーにより多く理解してもらうよう、細かく丁寧に解説した心算である。

与えられた職場に着いたら、まずしなければならないことは仕事の中身を吟味することである。さらに与えられた仕事を早く理解し、習得してメンバーの一員になることである。そうして、いわれた特命をこなせるようになれば一人前である。さらに仕事の量が増加すれば、さばくことに集中し、仕事を作ることへの執念を燃やすことができるようになる。

本文において、仕事のデータ化、仕事の評価と管理の手法、工程の設定と管理、問題の発掘と管理、統計的手法、ＱＣサークル、ＱＣ七つ道具、原因究明と再発防止対策と管理サークルの継続的回転などについて、縷々解説していることをよく理解すれば、「仕事ができる人」になるための近道になるであろう。

最近大学を卒業して、しばらく仕事に就いたが、その仕事が性に合わず面白くないので辞めた。アルバイトで小遣いを稼いでいたが、これも続かず放棄して家にこもり、ゲームに明け暮れている無気力な若者が増加しているという。是非とも大学卒業年次のカリキュラムに、この「仕事の出来栄え管理」の要点を導入して、如何なる仕事でも、その処理の仕方が理解できれば、やる気が起こり、気力も湧いてくるものである。そして仕事に定着し「仕事ができる人」に育ってくれるよう教育すべきである。

最後に、ＷＱＣの究極の要約は、仕事の結果において、不良事項（欠陥やクレーム）を隈なく丁寧に取り上げ、原因を究明し、徹底的に再発防止対策を講じることにある。この手法は本文で詳しく述べた。そうして1－14項「目標管理とＱＣ」で述べた如く、目標管理の失敗の轍を踏まずに、管理サークルを永遠に回転させることにある。それには、出来栄え保障のためのチェッカーのあり方次第で、効率よく品質情報が得られることを再認識していただきたい。

以上を追加の要約として本著のまとめとしたい。

著者プロフィール

福増満廣

1933年　愛媛県松山市に生まれる
1957年　日本大学工学部卒業。同年日本電信電話公社（現NTT）入社
1982年　同社災害対策室長。85年退職。同年（財）電気通信共済会技術部長
2012年　秋瑞宝小綬章叙勲受章
2014年　著書「災害対策のノウハウ」（文芸社）

仕事の出来栄え管理

2016年11月29日　初版発行

著　　者　福増　満廣

発行／発売　創英社／三省堂書店
東京都千代田区神田神保町1－1
Tel.　03－3291－2295
Fax.　03－3292－7687

印刷／製本　日本印刷株式会社

ISBN978-4-88142-995-2 C0033